SUPER ALLIÉS
Protéines
L'Allié épatant,
T'aide à te construire
Et à devenir grand.
Les Fantastiques Minéraux
Belles Dents,
Bons Os,
Bon Cerveau.
Eau Vive
Source de Joie
Pour tes cellules
À toi.
L'Efficace Bonne Graisse
La zigouilleuse de paresse,
Presque aussi intelligente
Que la maîtresse.
Le Bon Sucre Rapide Nature Hyper Sympa
Avec lui,
Tu n'es jamais raplapla !
de la famille de
L'incroyable Glucide
Ton Super Allié,
Un tempérament
De gagnant
Pour toute la journée.
Les Bonnes Fées Vitamines
Energie, Succès et
Bonne Mine.
opposés !
opposés
SUPER MÉCHANTS
La disgracieuse Mauvaise Graisse
File tout droit
Dans ton ventre
Et dans tes fesses.
L'Ennemi Virus
L'Alien Féroce
Qui rentre en toi
Comme un voleur
Pour cambrioler ta force
Et ta bonne humeur.
Le Mauvais Sucre Rapide Hyper Méchant
Il te Fatigue
Te rend grignoteur
Râleur et dépendant.
Gluant Gluten
Colle à tes intestins
Pour te rendre
Totalement zinzin.
Les Mystérieux Additifs
Aux 1001 magouilles,
Planqués incognitos,
De vraies petites fripouilles.
duits de
Moi Super Héros

MOI SUPER HÉROS

LA CUISINE DE L'ÉNERGIE
RACONTÉE AUX ENFANTS DE 7 À 117 ANS

Textes : Martine Fallon, Dilara Feray
Illustrations : Valentine De Cort
Postface : Docteur Benoît Everard

MARTINE FALLON EDITIONS

A mes filles Dilara et Tuana, à leur force magique.

A tous les enfants du monde, aux milliards de Super Héros en devenir.

A tous les Bertrand Quille de la planète Terre.

3 fois par jour 4
Un peu d'histoire 5
La ligne du temps, de - 5.000.000 à aujourd'hui 6
L'histoire des deux fermes voisines 14
Les Super Alliés 18
1. Les Super Alliés Glucides 19
1A. Les Bons Sucres Lents 20
1B. Les Méchants Sucres Rapides 22
2. Les Super Alliés Protéines 24
3. Les Super Alliés Lipides 26
4. Les Super Alliés Vitamines 28
5. Les Super Alliés Minéraux 30
6. Le Super Allié Eau 32
Attention aux Super Méchants! 34
Les Super Aliments ou Superfood en anglais 38
Le calendrier des fruits et légumes de saison 40
En résumé 46
Le monde de demain a besoin de toi 47
Précautions 48
Les recettes 49
Les boissons 50
Les petits déjeuners, desserts et goûters 54
Les repas chauds 74
Les lunch box 88
Ton matos pour ta cuisine de Super Héros 90
Les autres livres de Martine 92
Postface du docteur Benoît Everard 94
Index des recettes 95

3 FOIS PAR JOUR...

... ton ventre te rappelle à l'ordre et gargouille : c'est l'heure de manger ! Et c'est justement dans ce que tu manges que tu dois trouver l'énergie nécessaire pour accomplir tous tes exploits de la journée. Apprends à choisir les meilleurs ingrédients, ceux qui contiennent le plus de pouvoirs et qui sont le mieux adaptés à tes besoins.

Imagine une voiture de course dans laquelle on mettrait de l'huile de friture !

Les Bons et les Super Aliments te permettront de te construire pour devenir grand, fort et intelligent. Ils feront de toi un vrai Super Héros. A toi de les découvrir au travers de ce livre. Je l'ai imaginé pour qu'il t'aide à faire les bons choix, ceux qui te permettront d'augmenter ta force et d'acquérir ta Super Puissance Magique !

UN PEU D'HISTOIRE

Depuis la nuit des temps, les plantes, les animaux, les minéraux et les hommes cohabitent sur la planète terre. Pour survivre, tous ont besoin de se nourrir.

Comme tu vois, tout est organisé dans un cercle de vie : l'antilope nourrit le lion qui nourrit la terre qui nourrit la plante qui nourrit l'antilope, c'est la loi magique de la vie !

En tournant la page, tu découvriras une **LIGNE DU TEMPS**.

En la lisant attentivement, tu comprendras que l'assiette de l'homme a bien changé au fil des siècles !
La source de la nourriture humaine, c'est Mère Nature. Les premiers hommes puisaient leur alimentation parmi les cadeaux que celle-ci leur offrait naturellement.

Avec le temps, son assiette se transforme et s'appauvrit, sa santé s'amenuise et sa force diminue petit à petit !

PÉRIODE 1 DE -5.000.000 À -12.000

LE PALÉOLITHIQUE

Les premiers hommes sont nomades. Ils ne vivent pas dans des villages mais se déplacent sans cesse et dorment dans des cavernes.

Pour se nourrir, ils cueillent des baies, des petits fruits, déterrent des racines, ramassent des noix, des escargots, des œufs, des algues, chassent petits et grands gibiers et pêchent poissons et coquillages. Zéro lait et zéro céréales mais plein de bonnes graisses excellentes pour la forme et le cerveau. Au début, ils mangent tout cru car ils n'ont pas encore découvert le feu.

-1.000.000

DÉCOUVERTE DU FEU, ils commencent à cuire les aliments en les emballant dans de grandes feuilles et en les faisant cuire en douceur, sous les braises.

C'EST LA PÉRIODE DE LA CHASSE, DE LA PÊCHE ET DE LA CUEILLETTE.

Grâce à la cuisson, les hommes digèrent mieux, plus vite et économisent plein d'énergie. Ce qui leur reste en trop leur monte au cerveau et ils deviennent de plus en plus intelligents. C'est l'âge des premiers grands Super Héros. Quand ils ne sont pas mangés par un animal plus féroce qu'eux, ils vivent même jusqu'à 70 ans. Ils sont grands et leurs os sont solides et puissants.

PÉRIODE 2 DE -12.000 À -3000

LE NÉOLITHIQUE

Les hommes commencent à construire des villages. Ils deviennent sédentaires.

Ils élèvent des animaux : des bœufs pour la viande, des vaches pour le lait et des poules pour les œufs.
Ils cultivent légumes, fruits, céréales (apparition du blé) et légumineuses (lentilles). C'est le début de l'agriculture.

FINI LES VACANCES, IL FAUT ALLER TRAVAILLER DANS LES CHAMPS.

ILS SONT PLUS PETITS QUE LEURS ANCÊTRES DES CAVERNES ET VIVENT EN MOYENNE 10 ANS DE MOINS.

-8000

DÉCOUVERTE DE LA POTERIE

On observe les premières anomalies sur les ossements humains. Aujourd'hui, on pense que c'est parce qu'ils mangeaient trop de céréales et de produits laitiers et pas assez de légumes. Aussi qu'ils vivaient plus à l'intérieur et marchaient moins, ce qui n'est pas bon pour avoir des os solides !

PÉRIODE 3 DE -3000 À 500

ANTIQUITÉ – GRANDES CIVILISATIONS ANCIENNES – MAYAS – AZTÈQUES – EGYPTE – GRÈCE – ROME – CHINE

Les hommes construisent de grandes cités autour desquelles les villages s'organisent dans les campagnes. Les paysans cultivent les terres et élèvent les animaux.

> C'est le début des premières fermes où on produit des oeufs, du lait, des fromages, de la viande.
> Les hommes continuent aussi à chasser des animaux sauvages et à pêcher poissons et crustacés.

NAISSANCE DE JÉSUS CHRIST

-3000

INVENTION DE L'ÉCRITURE

L'an 0 !

LE PAIN QUOTIDIEN. Peu à peu le pain, fait à base de blé ou de maïs, s'impose comme l'aliment de base.

PÉRIODE 4 DE 500 À 1500

LE MOYEN-ÂGE

Les paysans produisent dans les campagnes de quoi nourrir le pays.

En Europe, l'assiette se compose surtout de pain, de légumineuses (fèves, haricots, pois chiche), de quelques légumes bouillis et rarement de viande ou de poisson.

On mange moins bien, on vit moins vieux, on tombe vite malade.
C'EST LE TEMPS DES GRANDES ÉPIDÉMIES.

1055

LA FOURCHETTE. La princesse Théodora impose la fourchette à la cour de son mari, le roi de Venise.

Au Moyen-Âge, dans le nord de l'Europe, les Vikings sont des Super Héros de légende. Peu de céréales mais complètes et surtout beaucoup de poisson, de gibier, d'algues, de fruits secs et de légumes. Ils mangent presque encore comme leurs ancêtres du Paléolithique.

PÉRIODE 5 DE 1500 À 1880

LES TEMPS MODERNES

Les villes s'agrandissent, l'homme invente des machines comme le moulin qui permet de moudre les grains plus vite et plus facilement. Grâce à cette invention, on cultive de plus en plus de blé.

Pour que le blé conserve plus longtemps, on enlève l'écorce du grain et on ne conserve que l'intérieur, qui est blanc. C'est à ça aussi que sert le moulin!
Or, de véritables petites pépites qui te donnent de la force se trouvent dans l'écorce du grain. Donc si tu veux devenir un Super Héros, laisse tomber les céréales blanches et mange des céréales complètes.

LES EUROPÉENS partent à la découverte des autres continents et rapportent des nouveautés : la pomme de terre, la tomate, le maïs, la banane, les oranges, le dindon, le sucre de canne... Au début, ce sont des produits de luxe réservés aux gens très riches.

1616

Grand événement en France : on sert la première pomme de terre à la table du roi Louis XIII.

Tous les peuples contemporains mangeant encore comme du temps du Paléolitique vont voir leur forme et leur santé légendaires s'effondrer dès l'instant où ils passent à une alimentation moderne dominée par les céréales blanches, les mauvais sucres et les produits laitiers maltraités.

C'est le cas des Esquimaux chassés de leurs terres depuis le 19ème siècle. Aujourd'hui, ils mangent mal, ne pêchent plus et tombent vite malades.

1812

DÉCOUVERTE DE LA BETTERAVE SUCRIÈRE.

On produit de plus en plus de sucre, il devient de moins en moins cher, on en mange de plus en plus.

Augmentation de la consommation de sucre par an et par habitant :

Avant 1812	**Moins d'1 kilo**
1880	**8 kilos**
1930	**30 kilos**
1940	**40 kilos**
2016	**50 kilos**

1780

LES COUVERTS.

Tout le monde en Europe se met à manger avec des couverts.

Parfois par accident, des hommes retombent à l'état naturel et recommencent à manger comme leurs ancêtres du Paléolithique. C'est l'histoire de **Robinson Crusoé** qui redevient très très fort quand, après un naufrage, il échoue sur son île déserte ou celle de **Tarzan**, abandonné enfant dans la jungle africaine: ils ont dû l'un et l'autre se débrouiller et se nourrir de ce qu'ils pouvaient ramasser, cueillir, pêcher ou chasser. Que la force de ces deux Super Héros soit en toi.

PÉRIODE 6 DE 1880 À AUJOURD'HUI

LA RÉVOLUTION INDUSTRIELLE

L'électricité permet l'invention de nouvelles machines, qu'on utilise dans les usines pour produire de la nourriture en grandes quantités. Pour vendre toujours plus et gagner le plus d'argent possible, les industriels trichent sur la qualité. Les produits deviennent bon marché et de plus en plus dangereux pour la santé.

Ces usines polluent et produisent beaucoup de déchets d'emballage.

1880

DÉCOUVERTE DE L'ÉLECTRICITÉ

LES ADDITIFS : ALERTE ROUGE ! AU SECOURS ! SOS !

Pour donner aux produits de jolies couleurs et de fausses bonnes saveurs, aussi pour qu'ils conservent plus longtemps, on invente des additifs : colorants, agents de texture, exhausteurs de goût, conservateurs,...

On les trouve dans tous les produits industriels (comme les plats préparés, surgelés, boîtes de conserves, sodas, céréales petit déjeuner, yaourts, gâteaux, biscuits, bonbons, chips, nuggets, jus de fruits en boîte, chocos à tartiner, fromages, fast food...) et ceux qui ne sont pas garantis naturels ou bio.

Ces additifs sont très dangereux pour ta santé ! Ils te rendront la vie impossible : cauchemars, allergies, fatigues bizarres, migraines, rhumes à répétition, peau qui gratte, pétages de câbles, kilos en trop... En plus, ils risquent de te rendre totalement dépendant. Plus tu en manges, plus tu en veux... Apprends à reconnaître ces arnaqueurs en les débusquant sur les étiquettes.

Quelques additifs parmi les plus méchants (il en existe des centaines) :

- **E100, E101, E102... jusqu'à E199 :** les HORRIBLES COLORANTS, inventés pour donner une couleur factice aux produits.
- **E200 à E299 :** les DÉTESTABLES CONSERVATEURS, créés pour conserver les aliments plus longtemps.
- **Le sirop de glucose-fructose :** L'EFFROYABLE OVER SUCRANT très très bon marché qui fait méga grossir.
- **La gélatine :** pour donner une texture de gomme, dans les bonbons et les yaourts. Cette horreur est fabriquée avec des os et de la peau de porc ! BEURK !!!
- **Le glutamate E621 :** Le PERFIDE EXHAUSTEUR DE GOÛT qui trompe ton cerveau en donnant de fausses saveurs à ce qui n'en a pas, dégoûtant !
- **L'aspartame E951 :** Le « Faux Sucre » trompeur des sodas light qui rend fou et fait grossir.

À TOI DE JOUER !

CHERCHEZ L'INTRUS DANS CETTE TARTE AUX CERISES INDUSTRIELLE

- Œuf (origine : ferme usine)
- Lait (origine : ferme usine)
- Blé (origine : ferme usine)
- Cerise (origine : ferme usine)
- Pollen des abeilles
- Gélatine
- Sirop de fructose - glucose
- Parfum chimique
- Colorants
- Graisses maléfiques
- Glutamate

1930

On commence à asperger les cultures avec des engrais chimiques et des pesticides.

LE FAST FOOD AMÉRICAIN ET LES SUPERMARCHÉS SE DÉVELOPPENT PARTOUT DANS LE MONDE

L'HISTOIRE DES DEUX FERMES VOISINES

Il était une fois deux fermes voisines.

DANS LA PREMIÈRE, LA FERME HEUREUSE DE BERTRAND QUILLE

Bertrand aime et respecte profondément ses animaux, ainsi que ses champs et ses récoltes.

Les vaches et leurs petits, les veaux, les brebis et leurs agneaux, les poules et leurs poussins, les cochons et leurs petits porcelets vivent une vie agréable, broutent l'herbe fraîche des prairies, dorment la nuit dans leurs étables ou à la belle étoile. Les poules pondent leurs oeufs à l'aise et de délicieux fromages sont préparés avec soin, grâce au lait des vaches, chèvres et brebis.

Dans les champs et les vergers, les légumes et fruits poussent en saison, dans une terre riche, pleine de vers de terre qui assurent sa bonne santé.

Pour éviter que les récoltes soient grignotées par les insectes, des techniques naturelles sont utilisées : par exemple, des mésanges, petits oiseaux friands de chenilles, ou bien des coccinelles, bêtes à bon dieu raffolant de moucherons !

La ferme vit en harmonie avec l'écosystème alentour. Les abeilles y habitent volontiers, butinant fleurs et sapins, nous offrant leur miel et permettant aux plantes de se reproduire.

Tous ces vers de terre, cloportes et mille-pattes font un travail bien utile !

C'est grâce à eux que la terre peut se renouveler et rester vivante, pour à son tour nourrir légumes et racines.

vas-y, pousse !

DANS LA SECONDE, LA FERME USINE DE FRANCOIS SPERGETOU

L'appât du gain a poussé François à augmenter encore et encore sa production.

Les animaux vivent enfermés dans de gigantesques cages, parfois sans jamais voir la lumière du soleil. Les mamans sont séparées de leurs petits, et tous sont bien malheureux. Les vaches subissent de mauvais traitements et leur lait ne ressemble plus à rien de bon !

Les champs et vergers sont aspergés de produits chimiques destinés à tuer les insectes, mais ces vilains pesticides restent collés sur les fruits et légumes et détruisent la terre nourricière.

Les abeilles, symbole et élément-clé de l'écosystème, ne peuvent plus vivre dans un environnement pollué et soit elles meurent, soit elles décident de déménager.

En gros, cette terre-là est complètement morte ! Plus aucun petit vermiceau pour l'oxygéner, leurs amis insectes ont pris, eux aussi, la clé des champs !

Les poules de la ferme usine sont traitées comme des moins-que-rien. Séparées de leurs poussins, elles vivent en cage sans jamais pouvoir sortir pour se dégourdir les pattes. Adieu cancans du poulailler, soleil qui brille et vers de terre à picorer.

À TOI DE JOUER !

Dans laquelle des deux fermes les vaches sont-elles heureuses ? Préfèrerais-tu déguster une pomme, un yaourt, provenant de la ferme 1 ou 2 ? Et un oeuf, de quelle poule préfèrerais-tu qu'il soit pondu ?

on déménage!
A LOUER
A VENDRE
R.I.P
R.I.P
3454
3489
82475

LES SUPER ALLIÉS

Pour devenir un Super Héros, il te faut des Super Alliés aux Super Pouvoirs. Arrange-toi pour les trouver dans ton assiette à chacun de tes repas. Tes Armes Fatales, ce sont eux ! Ils iront tout droit dans ton Territoire Sacré pour y nourrir tes cellules*. Il y a six familles de Super Alliés :

1. LES GLUCIDES

2. LES PROTÉINES

3. LES LIPIDES

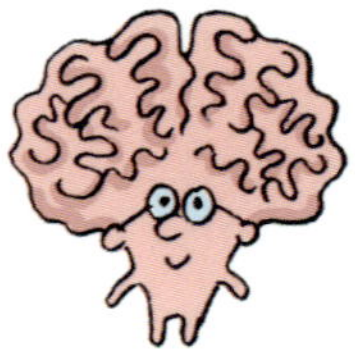

4. LES VITAMINES

5. LES MINÉRAUX

6. L'EAU

***UNE CELLULE C'EST QUOI ?** C'est l'élément de base qui compose chaque partie de ton corps, tu en as des milliards en toi, et elles ont besoin, pour se construire et pour être en pleine forme, de tous tes Super Alliés. La cellule ressemble à un petit sac : à l'intérieur, des Super Alliés Protéines, Glucides, Vitamines, Minéraux et Eau et dans la paroi du sac, des Super Alliés Lipides. Comme l'eau et la graisse ne peuvent pas se mélanger, c'est grâce aux Super Alliés Lipides que les autres Super Alliés resteront à l'intérieur de la cellule. Ils ne pourront pas s'échapper, ils pourront alors faire leur travail pour te permettre de devenir invulnérable. Il existe des cellules très différentes les unes des autres : les cellules cheveux, les cellules peau, les cellules intestin, etc...

1. LES SUPER ALLIÉS GLUCIDES

C'EST QUOI ?

Les glucides t'apportent de **L'ÉNERGIE**.

OÙ LES TROUVES-TU ?

Dans les bons Sucres Lents mais attention, aussi dans les mauvais Sucres Rapides, qui, eux, sont des Super Méchants ! Apprends donc à t'en méfier ! Découvre les bons et les mauvais sucres dans les pages suivantes.

ATTENTION !

Ton cerveau ne peut pas stocker les glucides et pourtant il en a besoin tout le temps. Veille à en prendre à chaque repas pour ne jamais en manquer.

1A. LES BONS SUCRES LENTS

c'est ça que tu dois manger pour être en SUPER FORME

C'EST QUOI ?

Ce sont des molécules qui t'apportent énergie, force et concentration pour apprendre, rêver, jouer, faire du sport… Et c'est cette bonne énergie qui dure longtemps !

OÙ LES TROUVES-TU ?

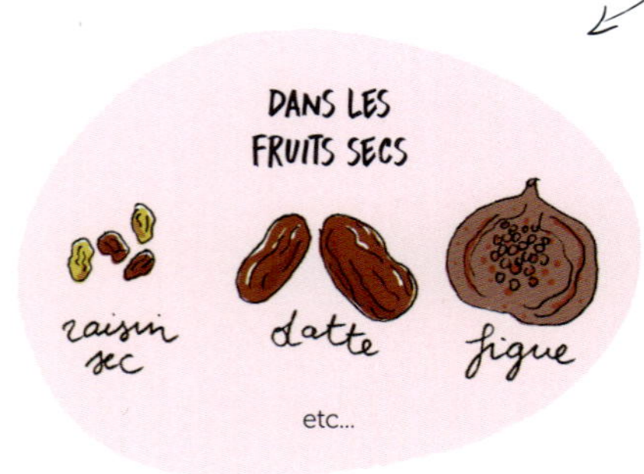

***QU'EST-CE QU'UNE FIBRE ?**
C'est une sorte de filament contenu dans certains aliments qui permet d'avoir une énergie qui dure longtemps.
Les fibres permettent aussi de nettoyer l'intestin et de faire des beaux popos.

QUAND DOIS-TU LES MANGER ?

Au petit déj, à 10 heures, à midi et au goûter !

Ça, c'est la courbe d'énergie du Super Héros, toujours en forme, toujours bien éveillé, quel que soit le moment de la journée parce que les bons sucres lents arrivent lentement dans le corps, comme dans un sablier, avec un tout petit trou pour que le sable passe très lentement !

MANGE DES SUCRES LENTS
ET TU AURAS L'ÉNERGIE
D'UN CHASSEUR DE MAMMOUTH !
ancêtre de Max
ancêtre de Pizzaface
ancêtre de Luna

1B. LES MÉCHANTS SUCRES RAPIDES

C'EST QUOI ?

Ces molécules maléfiques te donneront une énergie en dents de scie. Elles t'empêcheront de te concentrer comme tu veux, de jouer comme un dieu. Tu vas te sentir fatigué tout le temps, sans parler des trous dans les dents, de la peau qui gratte, des crises de nerfs, des cauchemars et des kilos en trop.

OÙ SE CACHENT-ILS ?

Presque partout et de plus en plus, c'est ça le problème ! Le piège c'est que, souvent, au plus un aliment est mauvais pour toi, au plus l'emballage est attirant. Il est très important de savoir les reconnaître et les débusquer, pour ne pas les confondre avec les gentils sucres lents.

LISTE DES MAUVAIS SUCRES RAPIDES HYPER MÉCHANTS :

- Les pâtes blanches, la farine blanche, le pain blanc
- Les chocolats et bonbons industriels
- Les biscuits, desserts et gâteaux industriels
- Les céréales sucrées du petit déjeuner
- Les jus de fruits industriels, ...
- Les plats industriels (ketchup, hamburgers, pizzas, mayos, ...)

APPRENDS à les repérer sur les étiquettes des emballages : **sucre, glucose, fructose, sirop de maïs, aspartame,...**

QUE SE PASSE-T-IL SI TU LES MANGES ?

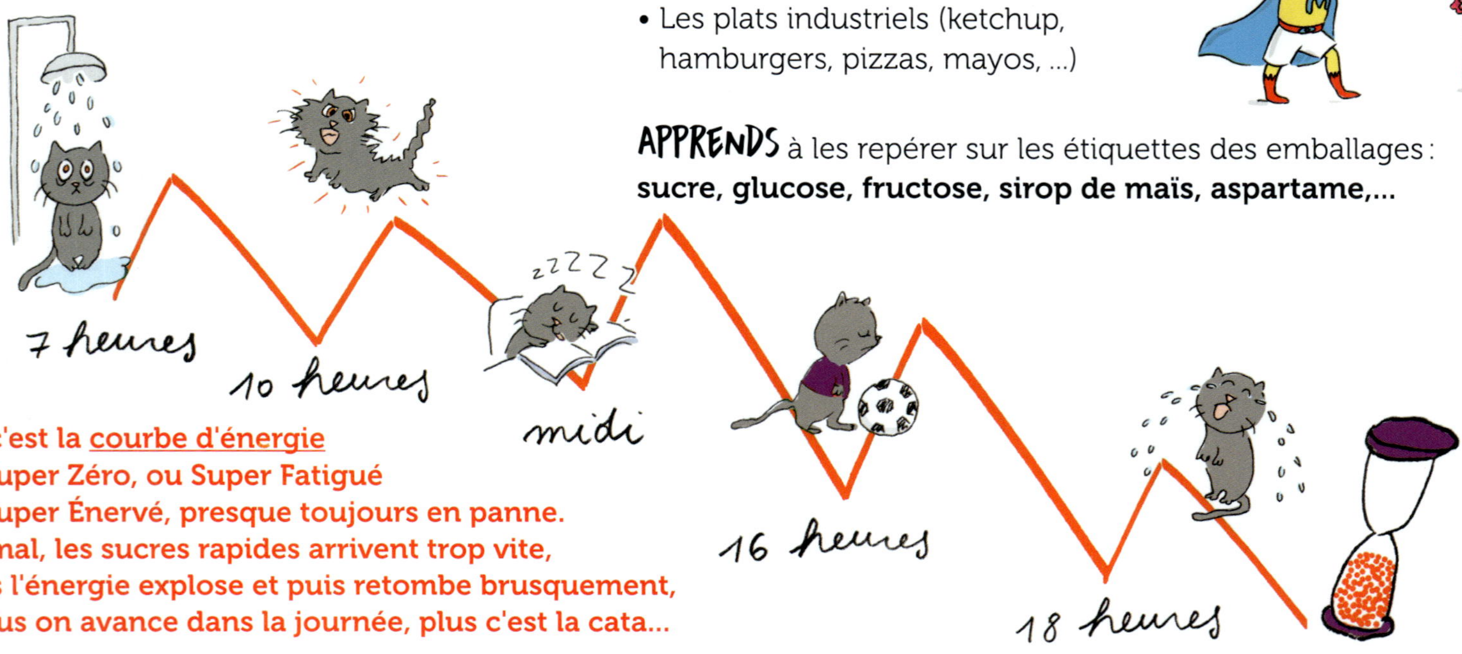

Ça, c'est la courbe d'énergie du Super Zéro, ou Super Fatigué ou Super Énervé, presque toujours en panne. Normal, les sucres rapides arrivent trop vite, alors l'énergie explose et puis retombe brusquement, et plus on avance dans la journée, plus c'est la cata...

LES GENTILS SUCRES RAPIDES

ATTENTION, il existe aussi de gentils sucres rapides. Ce sont de BONS SUCRES. Tu les trouves dans les fruits, les nourritures naturelles comme le miel, le sirop d'érable, le sucre de fleur de coco, le rapadura, le sucre de canne non chauffé...

À TOI DE JOUER!

APPRENDS avec ce livre, à faire toi-même, de bons bonbons, gâteaux et biscuits de super héros. C'est super facile et trop marrant.

2. LES SUPER ALLIÉS PROTÉINES

C'EST QUOI ?

Les protéines sont tes **BRIQUES DE CONSTRUCTION.** C'est grâce à elles que tu vas pouvoir créer les cellules de ton corps, comme celles de la peau, des cheveux ou des muscles.

OÙ LES TROUVES-TU ?

la star

DANS LES PROTÉINES ANIMALES

DANS CERTAINS LÉGUMES

DANS LES LÉGUMINEUSES

DANS LES NOIX-GRAINES-CÉRÉALES

IMPORTANT !

Veille à manger des protéines à chaque repas ! Les meilleures viennent des animaux.

ATTENTION AUX PROTÉINES LAIT

A l'origine, le lait de vache c'est pour les veaux ! Tu n'es pas un veau, mais un petit d'homme ! Un verre de lait provenant d'une vache heureuse, naturel ou bio, de temps en temps, pourquoi pas, sauf si tu es intolérant (boutons, idées noires, problèmes intestinaux rhumes à répétition, fatigue, kilos en trop...) Meilleure idée : le lait de chèvre ou de brebis, plus digeste ! Sans oublier, le lait d'amande et de coco !

☆ PETIT CONSEIL ☆

VA TE COUCHER TÔT. Tu en as besoin pour bien assimiler tous les Super Alliés que tu auras sélectionnés pour devenir un Super Héros. C'est la nuit que ton corps trie et assimile. Il travaillera mieux et plus vite si tu dors bien.

3. LES SUPER ALLIÉS LIPIDES

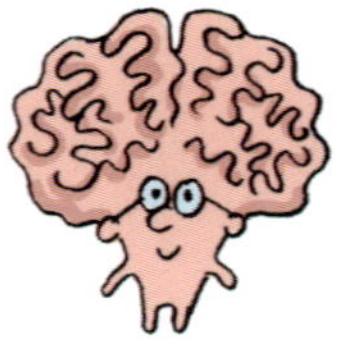

C'EST QUOI ?

On les appelle aussi les « **GRAISSES** » ou les « corps gras ». Elles construisent ton cerveau, t'apportent de l'énergie et de quoi nourrir tes cellules, mais aussi de quoi construire ton Bouclier Magique. Ce sont eux qui zigouillent les méchants virus*! Les ancêtres du Paléolithique consommaient beaucoup de Super Alliés lipides, c'est grâce à eux aussi qu'ils sont devenus si forts et si intelligents!

OÙ LES TROUVES-TU ?

DANS LES POISSONS GRAS

DANS LES NOIX ET GRAINES

DANS LES HUILES VÉGÉTALES BIO NATURELLES

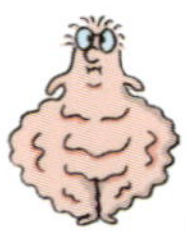

ATTENTION AUX MAUVAISES GRAISSES !

De vraies super-vilaines! Tu les trouveras dans les beurres, huiles hydrogénées, margarines, mayos, pizzas, dürüms, kebabs, chips et gâteaux industriels. Super dangereuses, elles vont attaquer ton super pouvoir et te donner des kilos en trop.

***UN VIRUS C'EST QUOI ?** Un virus est un Super Méchant Alien tout minuscule (entre 10 et 1000 fois plus petit qu'une cellule de ton corps) et qui entre dans tes cellules pour se reproduire lui-même. C'est comme si quelqu'un entrait dans une usine qui fabrique des voitures et ordonnait aux robots de se mettre à construire des brosses à cabinet pour son compte. Un exemple que tu connais bien : le virus de la grippe.

Dans la tête de Luna

Dans la tête de Pizzaface

4. LES SUPER ALLIÉS VITAMINES

C'EST QUOI ?

Les vitamines **TE PROTÈGENT** contre les virus et te donnent la pêche ! Les principales : les vitamines A, B, C et D. Pssst ! Il y a autant de vitamines dans les légumes frais que dans les fruits. N'oublie donc pas de manger de bons et joyeux légumes à chaque repas ! Apprends à manger les fruits loin ds repas, 20 min avant ou 3 heures après. Tu éviteras la gonflette au niveau du ventre !

OÙ LES TROUVES-TU ?

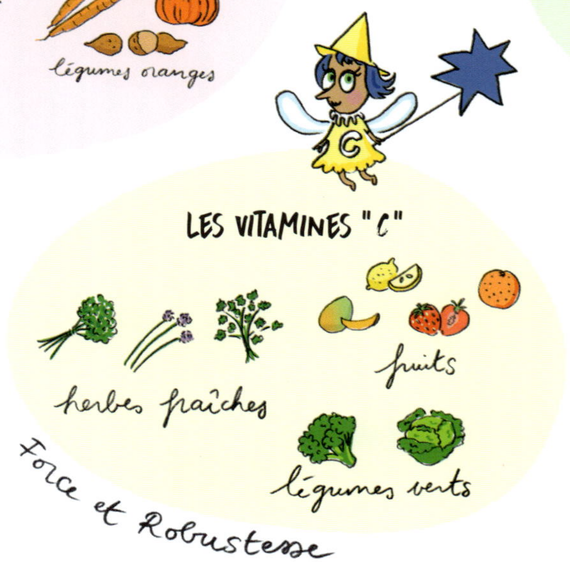

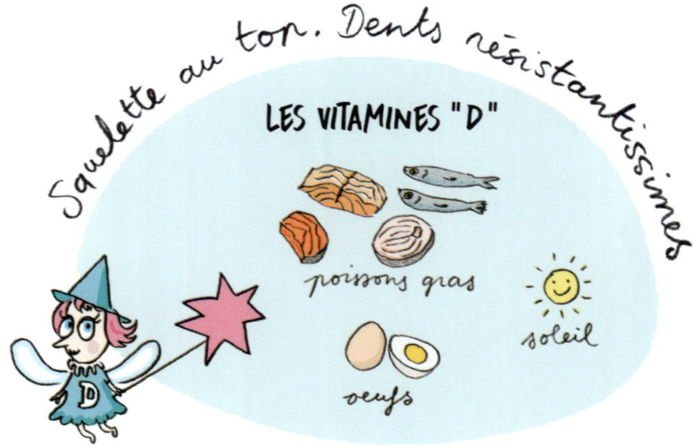

À TOI DE CHERCHER

La Super Alliée Vitamine "E", c'est bon pour quoi ? Tu la trouves où ?

ATTENTION aux fruits en jus, même bio et faits maison ! Ils contiennent trop de sucres qui déboulent trop vite, ce qui risque de te donner une énergie en dents de scie et de te donner, en plus, des kilos en trop ! Préfère les jus de légumes avec un rien de fruits dedans (pas plus que 30%).

☆ PETIT CONSEIL ☆

Pour faire le plein de vitamines et de minéraux, fais-toi un bon jus frais tous les matins, profites-en pour y mettre plein de légumes. Tu trouveras des recettes dans les autres livres de Martine.

5. LES SUPER ALLIÉS MINÉRAUX

C'EST QUOI ?

Les minéraux t'aident à te faire de belles dents, un squelette de champion, un cœur formidable et un cerveau de savant. C'est grâce à eux que tu te tiens bien droit, comme un Super Héros. En voici déja trois : le calcium, le magnésium et le potassium.

OÙ LES TROUVES-TU ?

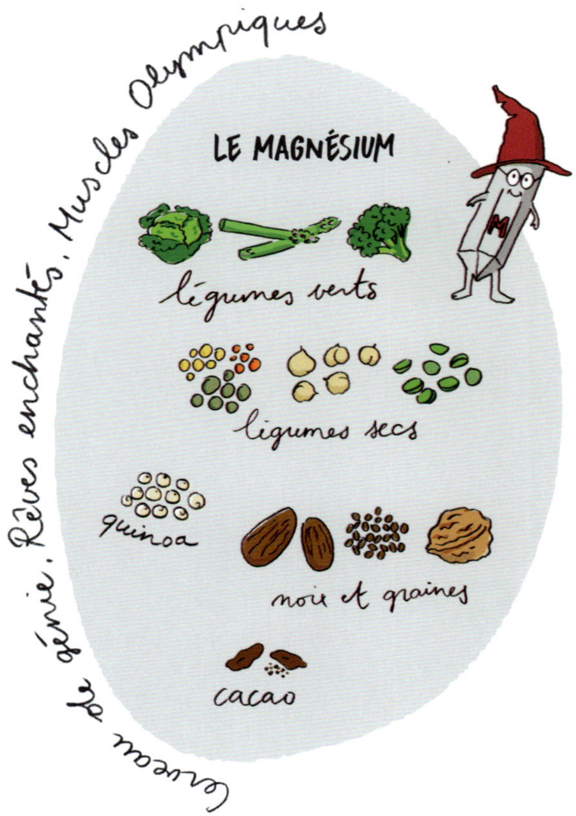

À TOI DE CHERCHER

Les Super Alliés oligo-éléments
Fer, Selenium, Zinc,
c'est bon pour quoi,
tu les trouves où?

BON À SAVOIR

Il y a autant de calcium dans 7 amandes que dans un litre de lait et en plus ton corps le reconnaît et le digère beaucoup mieux ! En voilà de bonnes petites munitions à prendre partout avec toi.

☆ PETIT CONSEIL ☆

APPRENDS À BIEN MÂCHER AVANT D'AVALER.

La digestion commence dans la bouche. Si tu avales tout tout rond, tes intestins ne seront pas contents, et finalement toi non plus. En plus, c'est dans la bouche que c'est tellement bon, alors prends le temps d'en profiter.

6. LE SUPER ALLIÉ EAU

LE SAVAIS-TU ?

80 % de ton corps, c'est de l'eau ! L'eau que tu bois, si elle est bonne, c'est comme une potion magique qui nettoie ton corps de tous ses déchets, pour qu'à l'intérieur, il n'y ait que des cascades toutes fraîches et que tes cellules y soient très heureuses. L'eau du robinet n'est pas bonne à boire, elle contient plein de substances microscopiques toxiques (hormones, médicaments, chlore...). Choisis une eau minérale en bouteille en verre (pas en plastique, pas bon pour toi, pas bon pour la planète) et faible en minéraux (vise sur l'étiquette la "teneur en résidus secs" qui doit être inférieure à 50 mg/L). Pourquoi ? Parce que ton corps ne peut pas assimiler les minéraux qui sont dans l'eau, du coup ceux-ci vont faire des déchets, donc pas bon pour toi.

LISTE DES BONNES EAUX MINÉRALES : Spa, Chaudfontaine, Volvic, Rosée de le Reine, Lauretana, Mont Roucous, ... Un truc pour zapper l'eau en bouteille : faire installer à la maison un appareil magique qui nettoie l'eau du robinet et lui rend sa force d'origine. Comment ? En la rechargeant en ions négatifs 100 % positifs pour ton énergie. C'est de l'eau vivante et gratuite. Plus d'infos sur le système de traitement de l'eau de ville par osmose inversé doublé d'un vortex sur www.martinefallon.com

CES IONS NÉGATIFS, sont aussi forts que des vitamines. Tu les trouves dans une eau vivante comme celle d'une cascade, c'est l'eau de Mowgli et de Tarzan, aussi en respirant de l'air pur, en forêt ou en bord de mer. Pssst : Méfie-toi des ions positifs, eux, ce sont de vrais ennemis stressants, fatigants et abrutissants, capables de transformer ton cerveau et ton énergie en bouillie ! Il y en a plein dans l'air pollué des villes, dans les pièces avec des ordis ou une tv, dans l'air conditionné ou dans l'habitacle des voitures. Quitte ta tablette, éteins la tv et évade-toi dans la nature aussi souvent que tu peux !

À TOI DE JOUER !

4 de tes précieux organes batifolent dans l'eau merveilleuse.
Les trouveras-tu?

L'EAU VIVE, LE REMEDE-EXPRESS !

Mal de tête ou petit coup de mou ? Le bon réflexe : un grand verre d'eau vive. Bois-en au moins 5 grands verres par jour !

Solution : le cœur, les reins, l'intestin et les poumons.

ATTENTION AUX SUPER MÉCHANTS !

LES CHIPS

Même s'ils ont l'air trop bon, ils sont fabriqués avec de mauvaises céréales industrielles, pleins d'additifs et de Mauvaises Graisses. Aussi, manger trop salé n'est pas bon non plus.
Ce sont des produits-poubelle, tu vaux mieux que cela.

LES SODAS ET BOISSONS SUCRÉES

Dans une cannette, il y a en moyenne 7 morceaux de Méchants Sucres Rapides (jusqu'à 12 dans un iced tea), plus plein de colorants et de produits chimiques. Ils attaquent tes dents, tes os et aussi ton cerveau. Ils te rendent nerveux et agressif. Ils t'empêchent de dormir, te font grossir, te déshydratent à mort, t'exposent à de graves maladies.

Non, non, non, plus jamais ça! Mais vite, prépare-toi tes propres sodas "super bons pour toi": Iced tea, Orangeade... t'attendent page 50.

Evite aussi tous les jus de fruits industriels en boîte ou en bouteille, ils sont aussi pleins de sucre et de produits chimiques.

LES NUGGETS DE POULET

Ils ont l'air si bon! Mais ils sont faits avec de la viande industrielle de poulet "pas heureux" et "pas nourri comme il faut".

La moitié, c'est que de la graisse, de la peau, des cartilages, de microscopiques morceaux d'os et des additifs pour faire gonfler. Et l'autre moitié, c'est que des céréales-usine, encore des mauvaises graisses, des Méchants Sucres Rapides, du sel et des additifs chimiques, non merci!

Apprends à les faire toi-même, c'est très très facile et très très bon, vois page 84.

LES MAYOS ET SAUCES INDUSTRIELLES

Elles sont pleines de Mauvaises Graisses, d'additifs chimiques et de Méchants Sucres Rapides.
Donc rien que des Super Méchants!
Remplace-les par de délicieuses mayos que tu feras toi-même avec des produits naturels. Vois page 82.

ENCORE DES SUPER MÉCHANTS !

LES CÉRÉALES À BASE DE BLÉ

Pâtes, pain, pizzas, croissants, biscuits,... Ok mais à toutes petites doses! Elles sont aujourd'hui tellement trafiquées que le corps ne les reconnaît plus. En plus, elles contiennent beaucoup de gluten, que ton intestin déteste et qui attaque ton Bouclier Magique.

LE GLUTEN

C'est une substance visqueuse issue de la protéine du blé qui peut provoquer des troubles intestinaux, des problèmes de peau, de sommeil, te rendre nerveux, irritable, empêcher tes Super Alliés de passer la barrière de l'intestin. En deux mots, cette colle gluante risque de te rendre complètement rapapla!

Préfère les céréales et les graines de tes ancêtres Super Héros, comme **l'épeautre, le petit épeautre, le riz complet, le quinoa, le millet ou le sarrasin.** Comme les Super Héros du Paléolithique, jette-toi sur les tubercules, des racines qui font le même travail que les céréales mais que ton corps reconnaît et digère beaucoup mieux : **les patates douces et le panais** par exemple. Vive aussi **les pâtes faites avec du sarrasin ou des lentilles.**

Evite aussi bien sûr les céréales spécial petit déjeuner, même si le goût est bon, sniff... En plus de contenir du mauvais blé, elles sont pleines de Méchants Sucres Rapides et de Mauvaises Graisses. Et ce n'est pas les belles images sur l'emballage qui vont te faire craquer. Tu mérites mieux, un granola super dément par exemple, vois page 54.

À TOI DE JOUER !

RELIE LES SUPER ALLIÉS AUX ALIMENTS QUI LES CONTIENNENT
ATTENTION AUX SUPER MÉCHANTS QUI SE SONT GLISSÉS DANS LA LISTE !

Super Allié VITAMINE A — Super Allié SUCRE LENT — Super Méchant SUCRE RAPIDE — Super Allié PROTÉINE — Super Allié VITAMINE C — Super Méchant LIPIDE — Super Allié Minéraux MAGNESIUM — SUPERFOOD

ADDITIFS — Super Allié VITAMINE B — Super Allié LIPIDE — Super Allié VITAMINE D — Super Allié Minéraux CALCIUM — Super Allié SUCRE RAPIDE — GLUTEN — Super Allié Minéraux POTASSIUM

Solution : Super Allié Sucre Lent: fraises, riz complet, légumes, noix, banane, patate douce. **Super Allié Vitamine A:** patate douce, poisson. **Super Méchant Sucre Rapide:** pain blanc, pizza usine, iced tea, céréales coco usine, mayo usine. **Super Allié Protéines:** riz complet, poisson, noix. **Super Allié Vitamine C:** fraises, légumes. **Super Méchant Lipide:** chips usine, pizza usine, céréales coco usine, mayo usine. **Super Allié Magnesium:** riz complet, légumes, noix, banane, patate douce. **Superfood:** fraises bio, noix, légumes, poisson. **Additifs:** chips usine, pizza usine, pommes pas bio, iced tea usine, céréales coco usine, mayo usine. **Super Allié Vitamine B:** riz complet, légumes, noix, banane, patate douce. **Super Allié Lipides:** riz complet, poisson, noix. **Super Allié Vitamine D:** poisson. **Super Allié Minéraux Calcium:** riz complet, poisson, noix, légumes, banane. **Super Allié Sucres Rapides:** fraises, banane. **Gluten:** pain blanc, pizza usine, céréales coco usine. **Super Allié Potassium:** riz complet, banane, noix, patate douce, poisson.

LES SUPER ALIMENTS OU SUPERFOOD EN ANGLAIS

Ce sont des SUPER ALLIES aux super pouvoirs 5 étoiles. De vraies potions magiques! Ils te donnent une force de géant! Amuse-toi à les retrouver dans les recettes à l'aide de ton ami Superfood.

LE POLLEN ET LE MIEL CRU

Les trésors des abeilles.
Après avoir butiné les fleurs, les abeilles, ces magiciennes, produisent un nectar enchanté! Le miel est comme de l'or liquide et le pollen des mini-pépites pour te construire un un Bouclier magique indestructible.

LA FÈVE DE CACAO

Le trésor des Incas.
Ce peuple magnifique préparait une boisson divine en broyant les fèves du cacaoyer. Ce breuvage leur donnait force et robustesse.

A ne pas confondre avec le chocolat industriel. Choisis des fèves ou de la poudre de cacao cru pour tes recettes stupéfiantes!

LES BAIES DE GOJI

Les Baies Joyeuses des Chinois. Petites bombes de Super Alliés VITAMINES ET MINERAUX, elles te rendront invincibles comme le Dragon!

LE MISO

La potion des Ninjas.
Depuis des millénaires, les seigneurs du Japon s'en servent pour décupler leur force et leur agilité.
C'est de la purée de haricots de soja fermentée pendant plusieurs mois, grâce à un savoir ancestral !

LA SPIRULINE

L'Algue Fatale des Aztèques.
Présente sur terre depuis la Nuit des Temps, elle a survécu aux dinosaures tellement elle est riche en Super Alliés.

LES MINI FRUITS ROUGES ET NOIRS

Le petit-déjeuner des Fées de la Forêt (framboises, fraises et fraises de bois, myrtilles, groseilles, mûres). Les fées, dit la légende, faisaient pousser ces fruits d'un coup de baguette magique et les mangeaient pour augmenter leurs pouvoirs.

LES GRAINES DE CHIA

Les perles noires des Mayas.
Cette peuplade magnifique de l'actuel Mexique appelait ces billes magiques « Chia » ! En langue maya, cela veut dire « Force » !
Au petit-déj, ou au goûter en mode pudding à la vanille.

DE LA SUPER PUISSANCE CONCENTRÉE.
Il te suffit d'1 cuillère à café de Superfood par jour pour en ressentir tous les bienfaits.

LES FRUITS ET LÉGUMES DE SAISON

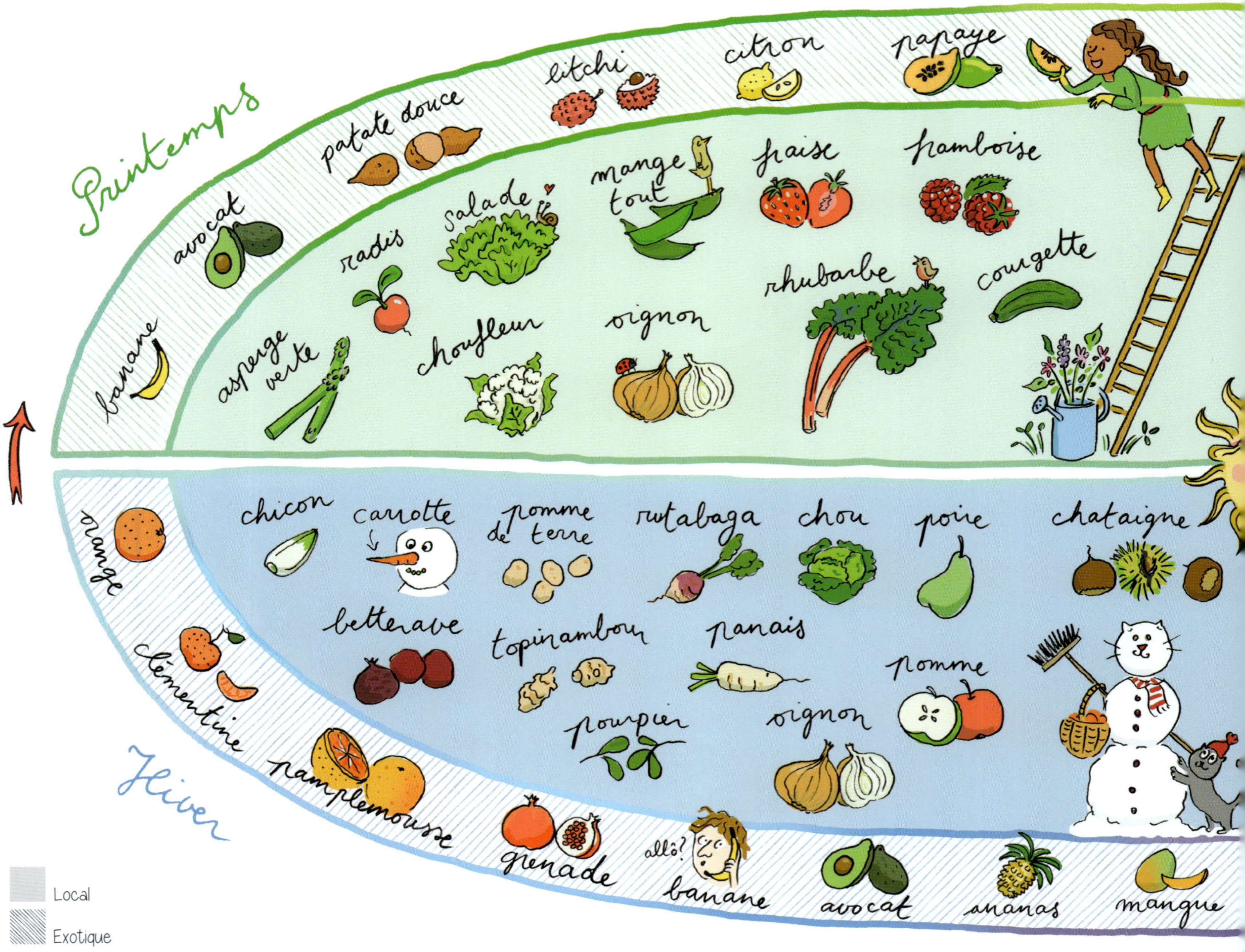

Choisis des fruits et des légumes bio, préfère ceux qui poussent près de chez toi et mange-les quand c'est leur saison, ceux-là seront pleins de Super Alliés aux Super Pouvoirs! Apprends à les reconnaître!

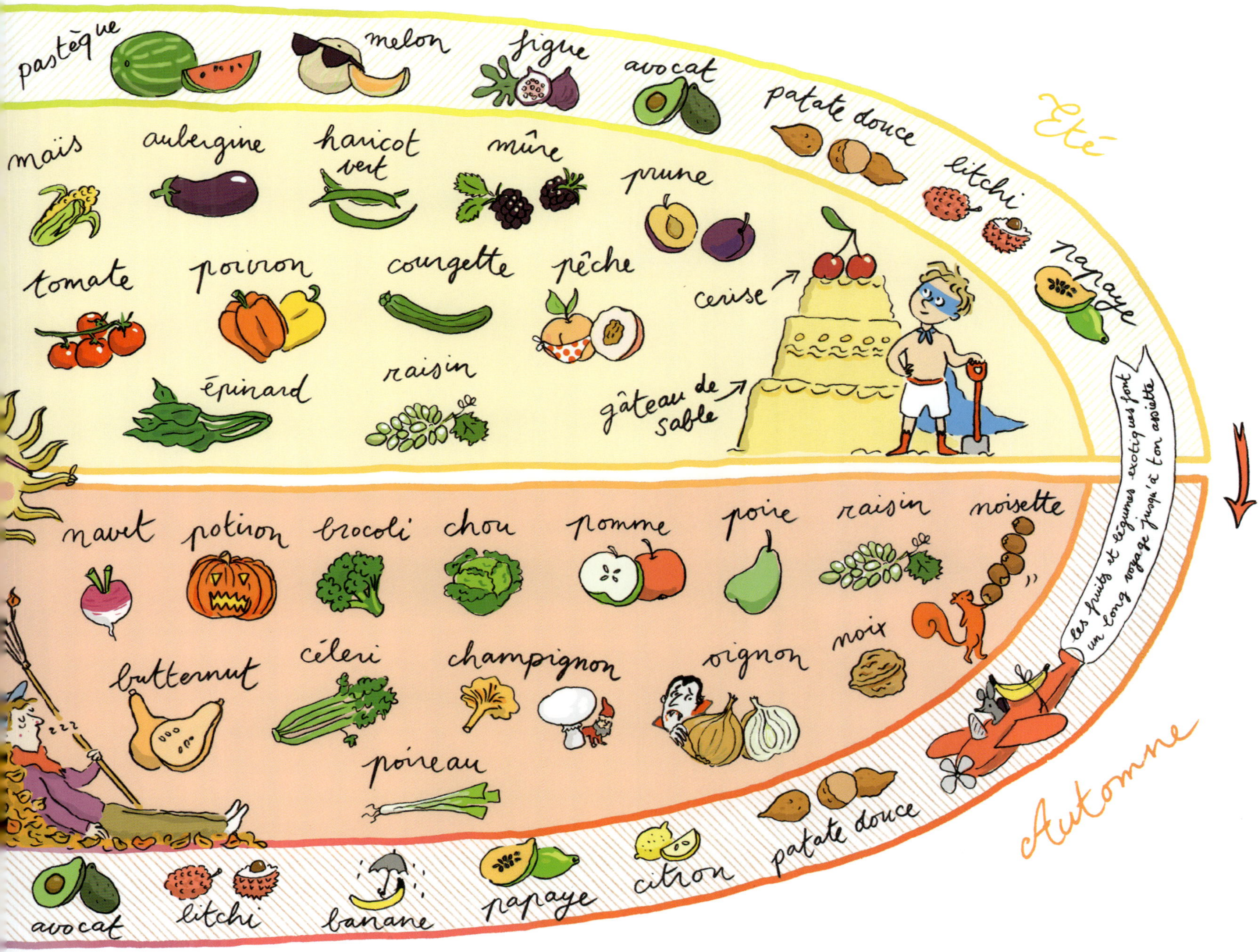

À TOI DE JOUER !

RETROUVE LES DIFFÉRENTS ÉLÉMENTS CACHÉS DANS LA CUISINE DE MAX ET DE PIZZAFACE !

la poule de Bertrand Quille

un dino

le masque de Max

une dame de jeu d'échec

un sachet de thé

Katzby

la lunchbox de Max

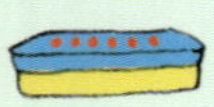

CHICKEN NUGGET
CHICKEN NUGGETS
CHICKEN
MAXI RAVIOLIS
Miam & Miam
RACLETTE
WURST
FRAISE
RAVIOLI
mayo
mayo
lasagne
Soda
Soda
Soda
Soda

Mauvaise Graisse
un quartier de pizza pourrie
une chaussette
une mouche
un donut
une manette de jeu vidéo
la grenouille de Professeur von Trich

À TOI DE JOUER!

QUE METTRAS-TU DANS TON ASSIETTE DE SUPER HÉROS?
ET LE SUPER ZÉRO, QUE MANGE-IL DE SUPER MAUVAIS POUR SA SANTÉ?

☆ PETIT CONSEIL ☆

EVITE DE GRIGNOTER ENTRE LES REPAS.
Tu empêches ton système digestif de se reposer. Il en a besoin aussi pour te donner de l'énergie.

Solution : Assiette du Super Héros: eau, racines bio, noix, coquillages, quinoa, banane bio, smoothie Tagadoudou bio, happy burger, fraises bio, patates douces bio, poisson, frites maison, riz complet, ketchup maison, légumes bio. **Assiette du Super Zéro :** pomme pas bio, céréales coco usine, bonbons, riz blanc, iced tea usine, crotte de nez, popo mi-cuit, chips usine, pain blanc, raviolis en boîte, viande pas bio, pipi de vache, mayo usine, pizza usine, mouche fumée.

EN RÉSUMÉ !

Voici ce qu'il faut trouver CHAQUE JOUR DANS TON ASSIETTE pour devenir un Super Héros :

Fruits et Légumes de toutes les couleurs de l'arc-en-ciel
→ JOIE ET RÉSISTANCE

Œufs, Viande, Poisson ou Fromage (chèvre et brebis)
→ CONSTRUCTION

Céréales et graines des Anciens (riz complet, épeautre, quinoa, sarrasin), patates douces, pommes de terre, fruits secs (abricots, raisins, figues, dattes..) → ÉNERGIE

Noix (cajou, amandes, noix de pécan, noisettes, graines de tournesol...)
→ INTELLIGENCE, ENERGIE, RESISTANCE

Eau pure et vive
→ HYDRATATION, ENERGIE

Retrouve dans les pages suivantes des recettes pour mettre tout ça en pratique !

LE MONDE DE DEMAIN A BESOIN DE TOI

TA MISSION, si tu l'acceptes :

DEVENIR
UN VRAI SUPER
HÉROS
QUI PROTÈGE
L'ENVIRONNEMENT
ET LES ANIMAUX !

COMMENT ?

En faisant chaque jour les bons choix pour toi- même.

Maintenant tu sais que tout commence par ton assiette !

Même Pizzaface a compris. Aujourd'hui, il adore les nuggets de Max et les smoothies de Luna, ouf pour lui !

PRÉCAUTIONS

Attention à bien te laver les mains avant de rentrer en cuisine et d'attacher tes cheveux, histoire que tu n'en retrouves pas dans ton minestrone ou dans ton velouté aux épinards au moment de passer à table. Quand tu passes en cuisine, demande à un adulte d'être avec toi.

Abréviations dans les recettes : **c.c. : cuillère à café / c.s. : cuillère à soupe**

Allez, zou, c'est parti pour réaliser des recettes délicieuses !

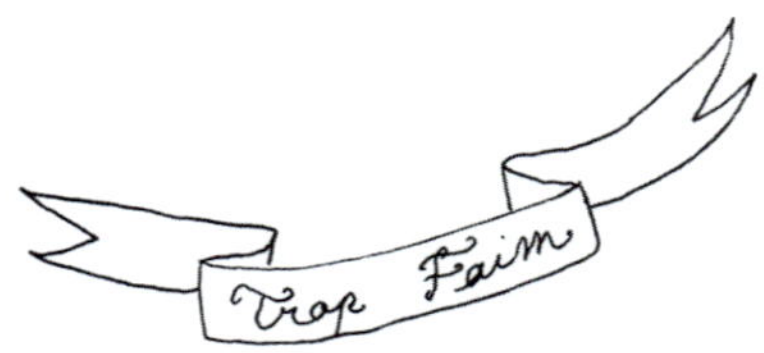

50 RECETTES

POUR 4 PERSONNES

ICED TEA QUI DONNE LA PÊCHE

Matériel : presse-agrume, casserole, chinois, bouteille en verre

- ✓ 1 c.c. de thé vert
- ✓ ½ litre d'eau de source
- ✓ ¼ tasse de sucre de coco
- ✓ menthe fraîche
- ✓ 1 c.s. de jus de citron
- ✓ rondelles de citron et orange
- ✓ eau pétillante
- ✓ 1 pêche (en saison)

1. Mets l'eau dans une casserole. Porte à ébullition, ajoute le thé vert et retire du feu.
2. Laisse infuser 5 minutes, puis filtre avec un chinois.
3. Ajoute ¼ tasse de sucre de coco, mélange bien. Laisse refroidir puis verse dans une bouteille en verre que tu gardes au frigo.
4. Dans un grand verre, dépose 6 glaçons, une branche de menthe, du jus de citron, la pêche épluchée et coupée en quartiers fins (si c'est la saison), puis verse le thé glacé. Ajoute des rondelles de citron et orange ou bien de pêche. Si tu veux des bulles, ajoute un peu d'eau pétillante à la fin!

ORANGEADE SUPER ALLIÉ VITAMINE C

Matériel : presse-agrume, chinois

- ✓ 2 oranges, pamplemousses ou oranges sanguines
- ✓ ½ citron
- ✓ 1 c.s. de miel
- ✓ ¼ tasse d'eau ou d'eau pétillante
- ✓ 3 glaçons

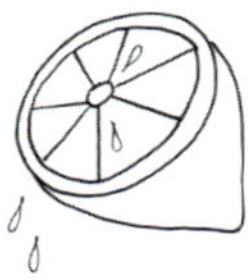

1. A l'aide d'un presse-agrume, presse le jus des oranges et du ½ citron.
2. Passe le jus au chinois pour enlever la pulpe.
3. Ajoute le miel, mélange bien.
4. Verse dans un grand verre et ajoute l'eau et les glaçons!

SUPER BOISSONS

ET LA FORCE EST EN MOI !

SMOOTHIE HULKYHULK  (photo page précédente)

Matériel : Vitamix, presse-agrume

Pour 2 grands verres

- ✓ 2 tasses de cubes d'ananas, mangue ou banane congelées
- ✓ 2 poignées de jeunes pousses d'épinards
- ✓ 1 c.s. de miel
- ✓ 1,5 tasse d'eau de coco
- ✓ jus d'1 citron
- ✓ jus d'1 citron vert
- ✓ ¼ c.c. d'extrait de vanille
- ✓ ½ c.c. de poudre de maca

Décoration : Superfoods au choix (baies de goji, graines de chanvre, de chia, pollen, pépites de cacao...)

1. Jette tous les ingrédients dans le Vitamix, puis mixe 2 minutes.
2. Verse dans un grand verre, décore avec des Superfoods, et dévore illico !

Pssst : Gardes-en un peu au frigo pour le retour de l'école ! Tu peux le garder jusqu'à 24 heures.

Pssst : Superfood, la MACA, c'est la racine magique d'Amérique du Sud. Elle donne de l'énergie, fait faire de beaux rêves, te permet de raconter les meilleures blagues, de gagner à tous les jeux, et de réussir tes devoirs et interros en mode superstar. On la trouve en poudre dans les magasins bio. Ajoutes-en une cuillère à café dans tes smoothies.

SMOOTHIE TAGADOUDOU  (photo page précédente)

Matériel : Vitamix, petit couteau, planche à découper

- ✓ 2 tasses de framboises, fraises ou mélange de fruits rouges congelés
- ✓ 1 tasse de betterave rouge crue pelée et en morceaux
- ✓ ½ c.c. d'extrait de vanille
- ✓ 1,5 tasse de lait de coco ou d'amande
- ✓ ½ c.c. de maca
- ✓ 1 c.s. de miel

1. Jette tous les ingrédients dans le Vitamix, puis mixe 2 minutes.
2. Verse dans un grand verre, décore avec des Superfoods et dévore illico !

Pssst : Gardes-en un peu au frigo pour le retour de l'école ! Tu peux le garder jusqu'à 24 heures.

LAIT D'AMANDE PAS À LA NOIX

(photo page précédente)

Matériel : Vitamix, étamine, bouteille en verre

- ✓ 1 tasse d'amandes trempées dans de l'eau de source 1 nuit
- ✓ 3 tasses d'eau de source
- ✓ 1 pincée de sel
- ✓ 1 c.s. de miel
- ✓ ½ c.c. d'extrait de vanille
- ✓ 1 c.s. d'huile de coco

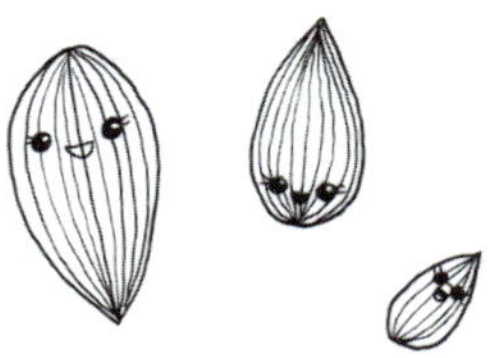

Pour faire du lait végétal, c'est fastoche :

1. Place les amandes avec l'eau dans le Vitamix et mixe 2 minutes.
2. Place une étamine au dessus d'un grand saladier et verses-y le lait. Presse bien pour récupérer tout le liquide.
3. Replace le lait dans le Vitamix rincé, puis ajoute le sel, le miel, la vanille et l'huile de coco, puis re-mixe. Le tour est joué !

A déguster comme boisson ou sur ton granola. Conservation : 24 h au frigo

Pssst : Remplace les amandes par des noix de cajou, noisettes, pistaches, noix du Brésil ou des noix !

LAIT CHOCO POUR LES COSTAUDS

(photo page précédente)

Matériel : Vitamix

- ✓ 2 tasses de lait d'amande
- ✓ 1 à 2 c.s. de poudre de cacao cru ou pépites de fèves de cacao cru
- ✓ 1 pincée de sel
- ✓ 1 c.s. de miel

Froid ou chaud, c'est juste trop miam miam !

1. Mixe tous les ingrédients au Vitamix !
2. Froid : déguster illico. Chaud : verse dans une petite casserole et chauffe tout doucement jusqu'à ce que ton lait soit tiède.

GRANOLA AUX PÉPITES D'AMANDES

Cuisson : 20 minutes / Matériel : four ou déshydrateur, saladier, petite casserole, fouet, bocal en verre

- ✓ 2 tasses de flocons d'avoine (gros)
- ✓ 2 tasses de flocons d'épeautre ou sarrasin
- ✓ ½ tasse de graines de sésame
- ✓ ½ tasse de graines de courge
- ✓ 1 tasse de graines de tournesol
- ✓ 1 tasse d'amandes
- ✓ 1 c.c. de sel naturel
- ✓ 1 c.c. de cannelle
- ✓ 1 c.c. d'extrait de vanille
- ✓ 1 gousse de vanille (Ouvre-la en deux dans la longueur et récupère les petits grains à l'intérieur !)

- ✓ 1 tasse + ¼ de sirop d'érable
- ✓ ½ tasse d'huile de noix de coco ou pépins de raisins
- ✓ ½ tasse + 2 c.s. de sucre de coco

1. Préchauffe le four à 160°C. Dans un grand saladier, mélange les flocons d'avoine, d'épeautre, les graines et les amandes, le sel, la cannelle et la vanille.
2. Dans une casserole, mélange le sirop d'érable, l'huile de noix de coco et le sucre de noix de coco. Fais chauffer sur feu fort en mélangeant, jusqu'à ce qu'on ne voit plus de cristaux de sucre. Tu obtiens un caramel chaud.
3. En faisant bien attention, verse le mélange dans le saladier qui contient les graines. Mélange avec une cuillère en bois pour que tout soit bien recouvert de caramel.
4. Recouvre deux plaques du four de papier de cuisson et étale ton mélange. Place au four pour 10 minutes. Ensuite sors les plaques, mélange le tout et replace au four pour 10 minutes supplémentaires. Cela donnera un granola bien croustillant ! Sors les plaques du four, laisse refroidir et conserve le granola dans un joli bocal en verre.

Psst : Tu peux aussi remplacer la cuisson au four par 24 heures au déshydrateur à 55°C. Comme cela, tu préserveras mieux les précieux nutriments de ton granola.

GRANOLA TRALALA

AUX PÉPITES D'AMANDES

PÂTE À TARTINER PRALINELLA

Matériel : Vitamix, petite casserole, bocal en verre

- ✓ 1 tasse de lait de riz ou lait d'amande
- ✓ 1 tasse de noix de cajou trempées 12 heures
- ✓ 1 pincée de sel rose de l'Himalaya
- ✓ ½ c.c. d'extrait de vanille
- ✓ ½ tasse de sirop d'érable

- ✓ 2 c.s. de poudre de cacao cru
- ✓ ½ tasse de sucre de noix de coco
- ✓ 1 tasse de noix de pécan ou noisettes pelées
- ✓ 5 gouttes d'extrait de noisette

- ✓ ¼ tasse de beurre de cacao, fondu au bain-marie

1. Mixe ensemble au Vitamix le lait de riz, les cajous, le sel, l'extrait de vanille et le sirop d'érable jusqu'à ce que le mélange soit super lisse.
2. Ajoute tous les autres ingrédients sauf le beurre de cacao fondu et re-mixe. Verse le beurre de cacao par le toit du Vitamix quand le moteur est en marche.
3. Transfère dans un joli bocal en verre et conserve au frigo.

PÂTE À TARTINER

PRALINELLA

PUDDING AUX GRAINES MAGIQUES

Matériel : saladier, fouet, verres

- ✓ 5 c.s. de graines de chia
- ✓ 1 + ¾ tasse de lait de coco (conserve)
- ✓ ½ c.c. d'extrait de vanille
- ✓ 1 à 2 c.s. de miel ou sirop d'agave foncé

Les graines magiques de Chia gonflent au contact du lait de coco à la vanille. Accompagné de fruits rouges, bananes ou kiwi ou encore de compote, c'est top, mon pote !

1. Dans un grand saladier, mélange les graines de chia, le lait de coco, l'extrait de vanille et le miel (ou sirop d'agave) avec une cuillère en bois pendant 2 minutes.
2. Verse la préparation dans de jolis verres, puis place-les au frigo pour 3 heures.
3. C'est prêt ! Il ne ne reste plus qu'a décorer avec les fruits de ton choix.

Pssst : Accompagné de glace à la banane, myrtilles et copeaux de chocolat noir c'est encore plus gourmand !

BANANA BANANA... BANANA SPLIT !

Matériel : robot de cuisine

- ✓ 3 bananes congelées (épluche les bananes, coupe-les en 4 morceaux et place-les dans un sac de congélation, au moins 12 heures)
- ✓ 2 ou 3 c.s. de beurre d'amandes complètes
- ✓ 10 gouttes d'extrait de vanille
- ✓ 1 pincée de sel rose de l'Himalaya

1. Place les bananes congelées, le beurre d'amandes, l'extrait de vanille et le sel dans le bol du robot et mixe pour obtenir une crème glacée.
2. Déguste tout de suite ou bien place dans un plat au congélateur 2 heures.
3. Décore la glace avec du beurre d'amandes, des morceaux de banane, des pépites de cacao et des amandes hachées.

PUDDING AUX GRAINES MAGIQUES

ET GLACE BANANE

BANANASHAKE À LA FRAISE (photo page précédente)

Matériel : Vitamix

- ✓ 1 banane congelée
- ✓ 1 tasse de fraises, myrtilles ou framboises (congelées ou non)
- ✓ 2 dattes medjool dénoyautées
- ✓ ½ tasse de flocons d'avoine
- ✓ 1,5 tasse de lait d'amande
- ✓ ½ c.c. d'extrait de vanille
- ✓ ½ c.c. de maca
- ✓ 1 pincée de sel

1. Place tous les ingrédients dans le Vitamix, mixe 2 minutes.
2. Verse dans un grand verre ou un bol et ajoute ce que tu veux : des petits fruits rouges en morceaux, banane ou baies de goji et graines de chanvre.

CRÈME CHANTILLY DE COCO

Matériel : saladier, batteur électrique, ouvre-boîte

- ✓ 1 boîte de lait de coco bio
- ✓ les graines d'1 gousse de vanille ou ½ c.c. d'extrait de vanille
- ✓ 2 c.s. de sirop d'érable

1. Douze heures avant, met au frigo la boîte de lait de coco à l'envers.

1. Une heure avant, place un saladier en inox au frigo.

2. Sors la boîte de lait de coco du frigo, mets-la à l'endroit et ouvre-la. Ton lait est séparé en deux parties : l'eau et la crème. Prélève la crème à l'aide d'une cuillère et place-la dans le saladier refroidi. (Verse l'eau dans un verre et place-le au frigo pour faire un smoothie plus tard.)

3. Fouette la crème avec le batteur électrique jusqu'à obtenir une crème Chantilly. Ajoute la vanille et le sirop d'érable et continue à battre 1 minute. Place-la au frigo jusqu'au moment de la déguster !

Déguste cette Chantilly avec les pancakes, sur des fruits rouges, sur tes cupcakes des lapinous, avec le pudding au chocolat, sur le banana split...

PANCAKES QUI DONNENT LA BANANE 

Matériel : saladier, fouet, poêle anti-adhésive, louche

Pour 4 pancakes

- ✓ 3 bananes bien mûres
- ✓ 3 œufs
- ✓ 5 gouttes d'extrait de vanille
- ✓ 3 c.s. de sirop d'érable

1. Dans un saladier, écrase bien les bananes avec une fourchette
2. Ajoute les 3 œufs et mélange bien au fouet pour obtenir une pâte homogène. Ajoute l'extrait de vanille et le sirop d'érable.
3. Fais chauffer une poêle anti-adhésive sur feu doux et verses-y une petite louche de pâte.
4. Lorsque des petites bulles apparaissent (après 3 minutes), c'est le moment de retourner le pancake !
5. Cuis encore 1 minute, puis retire-le de la poêle pour le déposer sur une assiette. Répète l'opération avec le reste de la pâte.
6. Décore avec des morceaux de banane, du chocolat noir fondu, du sirop d'érable ou des fruits rouges accompagnés de yaourt !

PÉPITES DE PRALINÉ CROQUANT 

Matériel : 1 poêle, 1 cuillère en bois, 1 bol de conservation

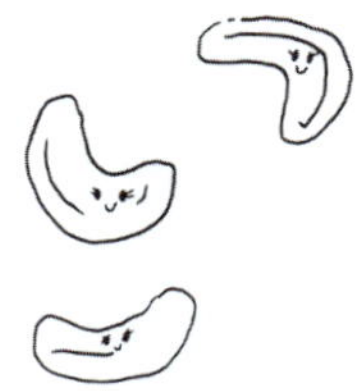

- ✓ 2 tasses de noix de cajou
- ✓ 1 c.s. de graisse de coco
- ✓ ¼ de tasse de sirop d'érable
- ✓ ½ c.c. d'extrait de vanille
- ✓ 1 pincée de sel
- ✓ ¼ de tasse de sucre de fleur de coco

1. Mixe les cajous grossièrement au Vitamix.
2. Fais fondre la graisse de coco dans la poêle.
3. Ajoute les cajous broyés, fais-les dorer en douceur en tournant tout le temps avec la cuillère en bois. Dès qu'ils commencent à prendre de la couleur, rajoute les autres ingrédients et maintiens le tout sur le feu pendant encore 1 minute en tournant tout le temps. Ensuite, retire du feu et verse dans un bol à couvercle. Conserve au sec jusqu'à 2 semaines.

PUDDING AU CHOCOLAT MINUTE

Matériel : Vitamix

- ✓ 4 à 5 c.s. de poudre de cacao cru
- ✓ 3 bananes pelées
- ✓ ½ avocat ou ½ tasse de noix de cajou trempées entre 2h et 12h
- ✓ ¼ tasse de beurre d'amandes complètes
- ✓ 1 c.c. d'extrait de vanille
- ✓ 1 pincée de sel rose de l'Himalaya

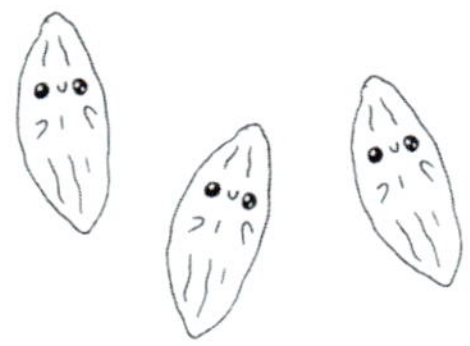

1. Mixe tous les ingrédients dans le Vitamix. Verse dans un bol ou un joli verre, ajoute la déco de ton choix et ... Miam !

Décoration : Pépites de fève de cacao + crème chantilly de coco + noisettes ou amandes hachées

BARRES CÉRÉALES PETITS CREUX

Matériel : moule carré, casserole moyenne, papier cuisson, fouet, bocal en verre, couteau

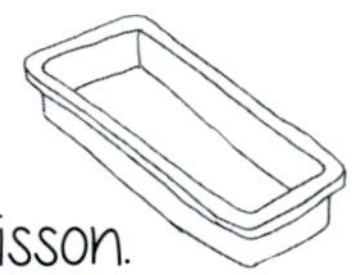

- ✓ 1 tasse de beurre d'amandes complètes ou beurre de cajou
- ✓ ½ tasse de sirop d'érable
- ✓ ½ tasse d'huile de coco
- ✓ 1 c.c. d'extrait de vanille

- ✓ 2 tasses de flocons d'avoine gros ou épeautre
- ✓ 1,5 tasse de riz complet ou quinoa soufflé
- ✓ ¼ tasse de raisins secs
- ✓ ½ tasse d'amandes hachées ou graines de tournesol ou noisettes
- ✓ ½ c.c. de sel rose de l'Himalaya
- ✓ ½ tasse de pépites de chocolat ou chocolat noir haché

1. Prépare un moule rectangulaire en le recouvrant de papier cuisson.
2. Dans une casserole moyenne, place le beurre d'amandes complètes, le sirop d'érable, l'huile de noix de coco et l'extrait de vanille. Fais chauffer sur feu doux en mélangeant au fouet pendant 2 minutes.
3. Ajoute les flocons d'avoine, le riz complet ou le quinoa soufflé, les raisins secs, les amandes et le sel, puis les pépites de chocolat et mélange bien.
4. Presse le mélange dans le moule en lissant bien la surface et place au frigo une heure.
5. Découpe en petites barres et conserve-les dans un bocal en verre au frigo.

PUDDING AU CHOCOLAT MINUTE

ET BARRES DE CÉRÉALES

CRÊPES INFERNALES, SAUCE SUPER VITAMINE C

Matériel : Vitamix, poêle à crêpes, bol, spatule, fouet

- ✓ 20 c.s. de farine d'épeautre ou de sarrasin
- ✓ 4 c.s. de poudre de châtaigne ou d'amandes de la marque "Ludmilla de Bardo"

- ✓ 1 c.c. de poudre de vanille
- ✓ 1 pincée de sel rose de l'Himalaya ou de Guérande
- ✓ 2 œufs
- ✓ 2 grands verres de lait de riz
- ✓ 2 c.s. d'huile d'olive
- ✓ 1 c.s. de rapadura ou de miel ou de sirop d'érable

1. Mixe tous les ingrédients au Vitamix. La pâte est prête à l'emploi.
2. Pour cuire tes crêpes, prends une poêle anti-adhésive special crêpes, verses-y ½ c.c. de graisse de coco ou d'huile d'olive, ensuite une ½ tasse de pâte à crêpe. Dès qu'elle commence à dorer, retourne-la avec une spatule, encore 1 min et c'est prêt.

Pssst : La première crêpe, celle qui met la poêle en forme, c'est pour Katzby !!

Pour la sauce

- ✓ 100 g de beurre au lait cru
- ✓ le jus de 1,5 citron vert
- ✓ 2 c.s. de miel ou de sirop d'érable.

Fais fondre le beurre à la vapeur dans un bocal en verre.

Dès qu'il est fondu, fouette-le avec le jus de citron et le miel ou le sirop d'érable et c'est prêt !

BONBONS TUTTI FRUTI

Matériel : petit couteau, planche à découpe, déshydrateur

Mangue et ananas

- ✓ 1 mangue pelée
- ✓ 1 ananas pelé

1. Coupe la mangue et l'ananas en tranches de 1 cm d'épaisseur, puis en morceaux de ton choix.
2. Place au déshydrateur et laisse sécher entre 6 et 8 heures à 60°C.

Banane

- ✓ 4 bananes pelées, coupées en rondelles de 1 cm
- ✓ 2 c.s. de jus de citron
- ✓ 1 c.s. de sirop d'érable

1. Mélange ensemble dans un grand saladier le jus de citron et le sirop d'érable.
2. Ajoute les rondelles de banane et laisser mariner 10 minutes.
3. Essore les bananes, place-les au déshydrateur sans qu'elles se touchent et laisse-les sécher entre 6 et 8 heures à 60°C.

COOKIES CRUS CHOCO-NOISETTES

Matériel : robot de cuisine, 2 saladiers, fouet

- ✓ ⅓ tasse de dattes medjool dénoyautées

- ✓ ¾ tasse de flocons d'avoine
- ✓ 1 tasse de poudre d'amande
- ✓ ¼ tasse de noisettes ou amandes ou pécans concassées
- ✓ ¼ tasse de pépites de chocolat noir
- ✓ 1 pincée de sel

- ✓ 3 c.s. d'huile de coco liquide
- ✓ 2 c.s. de purée de noisettes ou d'amandes complètes
- ✓ 2 c.s. de sirop d'érable
- ✓ ½ c.c. d'extrait de vanille

1. Mets les dattes dans le robot et forme une purée en ajoutant un peu d'eau si nécessaire.
2. Dans un grand saladier, mélange les flocons d'avoine, la poudre d'amande, les noisettes concassées, les pépites de chocolat noir et le sel. Ajoute la purée de dattes et mélange bien.
3. Dans un autre saladier, mélange ensemble l'huile de noix de coco, la purée de noisette, le sirop d'érable, l'extrait de vanille. Ajoute petit-à-petit ce mélange à celui du premier saladier, mélange bien.
4. Avec la pâte, roule de petites boules de la taille d'une balle de golf, puis aplatis-les en cookies avec le plat de la main. Place au frigo 2 heures.
5. Tu peux soit les manger comme ça, soit les mettre 6 heures au déshydrateur pour des cookies croustillants.

LACETS DE FRUITS

Matériel : Vitamix, déshydrateur

Pour un plateau déshydrateur

- ✓ 1 tasse de fruits (fraises ou banane ou mangue ou mélange de salade de fruits…)
- ✓ 1 c.s. de miel cru
- ✓ le jus de ½ citron
- ✓ un peu d'eau de source si nécessaire

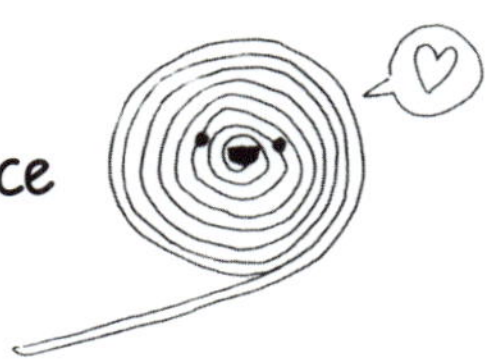

Mixe le tout au Vitamix pour obtenir une pâte de la consistance d'une pâte à crêpes (si nécessaire, rajoute un peu d'eau de source). Verse ton mélange sur le plateau du déshydrateur. Déshydrate à 50°C pendant 2 heures.
Prédécoupe des bandes avec un couteau. Repasse-les encore toute une nuit au déshydrateur et c'est tout miam!!! Hop dans ton cartable pour la récré.
Pssst : Change de couleur pour chaque plateau !

CUPCAKES DES LAPINOUS 

Matériel: robot de cuisine, râpe ou extracteur, petite casserole, moule à cupcakes, petits papiers à cupcake (ou papier de cuisson) découpés en carrés

Pour faire 6 cupcakes
✓ 1 tasse de noix
✓ ½ tasse de flocons d'avoine
✓ 1 tasse de dattes de Medjool dénoyautées et hachées

✓ 2 tasses de pulpe de carotte (que tu récupères en faisant un jus de carotte) ou 2 tasses de carottes râpées
✓ 2 c.s. d'huile de coco
✓ 1 c.c. de cannelle
✓ 1 c.c. de gingembre en poudre
✓ 2 c.s. de sirop d'érable

1. Mixe les noix, les flocons d'avoine et les dattes dans un robot.
2. Ajoute la pulpe de carotte, l'huile de coco, la cannelle, le gingembre et le sirop d'érable, puis re-mixe.
3. Prépare les moules à cupcake. Place dans chacun d'eux un petit papier à cupcake ou un morceau de papier cuisson. Remplis les 6 petites moules avec la pâte, en pressant bien, puis place les moules 2 heures au frigo.
4. Déguste tels quels ou bien cuis-les au four à 120°C pendant 1,5 heure. Pendant ce temps-là, prépare le glaçage à la vanille. La recette est ci-dessous!

A vos carottes!

GLAÇAGE À LA VANILLE 

Matériel: Vitamix

✓ 1,5 tasse de noix de cajou trempées dans de l'eau de source entre 2h et 12h
✓ ½ tasse d'eau de source
✓ 1 c.c. d'extrait de vanille
✓ 2 c.s. de miel
✓ 3 c.s. d'huile de coco
✓ 1 pincée de sel

1. Mixe tous les ingrédients au Vitamix jusqu'à obtenir une consistance super lisse.
2. Transfère dans un bol et place au frigo 1 heure. Ensuite décore tes cupcakes! Une couche de glaçage, puis des framboises, fraises, myrtilles, pépites de chocolat, lavande, noix de coco, zeste de citron, ...

CUPCAKES DES LAPINOUS

ET BALLES MAGIQUES

BALLES MAGIQUES À LA FRAMBOISE

(photo page précédente)

Matériel : robot de cuisine

- ✓ 1 tasse de framboises
- ✓ 10 dattes medjool dénoyautées
- ✓ 1 tasse de noix de cajou
- ✓ 2 tasses de noix de coco râpée
- ✓ 1 c.c. d'extrait de vanille
- ✓ 1 pincée de sel

1. Mixe tous les ingrédients ensemble à l'aide d'un robot de cuisine.
2. Roule la pâte en petites boules avec les mains, puis roule-les dans la noix de coco râpée.
3. Garde-les dans une boîte en verre au frigo.

ALMOND BUTTER CUPS AU LUCUMA

Matériel : bain-marie, saladiers, fouet, moules à muffin en silicone

<u>Pour le chocolat</u> (pour 12 cups)

- ✓ ½ tasse de graisse de coco
- ✓ 3 c.s. de beurre de cacao
- ✓ ⅓ tasse de sirop d'érable ou miel cru
- ✓ ¾ tasse de poudre de cacao
- ✓ 2 c.s. de lucuma
- ✓ ¼ c.c. de sel rose de l'Himalaya ou de Guérande

<u>Pour le beurre d'amande</u>

- ✓ ½ tasse de purée d'amandes complètes (ou tournesol, noisette, pécan...)
- ✓ 1 c.s. de sirop d'érable ou miel cru
- ✓ 1 c.s. de lucuma
- ✓ ½ c.c. de sel rose de l'Himalaya ou uérande

1. Fais fondre ensemble au bain-marie (voir recette des crêpes) la graisse de coco et le beurre de cacao. Ajoute le sirop d'érable et mélange bien avec le fouet. Enlève le récipient du bain-marie et pose-le sur le plan de travail. Ajoute petit-à-petit la poudre de cacao, le lucuma et le sel.
2. Verse 1/3 de la préparation dans le fond des moules à muffin (3 ou 4 mm d'épaisseur), puis place ceux-ci au congélateur (15 minutes).
3. Pendant ce temps, prépare le beurre d'amande en mélangeant tous les ingrédients ensemble dans un saladier pour obtenir une pâte homogène.
4. Sors les moules du congélateur. Prélève ½ c.s. de pâte à l'amande, roule une boule puis dépose-la dans le moule, sur le chocolat. Maintenant aplatis-la légèrement pour former un petit disque et répète l'opération avec les autres moules.
5. Pour finir, verse dans les moules le restant du chocolat et lisse le dessus. Place les moules 1h au congélateur et c'est prêt ! Il ne te reste plus qu'à les démouler.

Psst : Le LUCUMA. Un fruit magique d'Amérique du Sud aux pouvoirs extraordinaires.

PORRIDGE DES VIKINGS

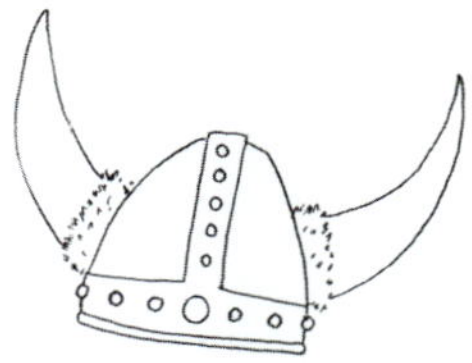

Matériel : casserole, râpe

- ✓ 2 + ½ tasse de lait végétal (amande, coco, riz, noisette...)
- ✓ 2 tasses de flocons d'avoine ou d'épeautre ou de riz
- ✓ 3 c.s. de miel ou sirop d'érable ou sucre de coco
- ✓ les grains d'½ gousse de vanille

1. Place le lait végétal et les flocons dans une casserole et fais chauffer à feu moyen pendant 5 minutes en mélangeant de temps en temps avec une cuillère en bois, puis baisse le feu et continue de mélanger.
2. Ajoute le miel, la vanille et cuis 1 minute en mélangeant.
3. Sépare en 4 assiettes, décore avec un peu de miel ou sirop d'érable et avec les ingrédients de ton choix :

Pommes et mûres

Recette de base : 1 pomme + 1 tasse de mûres
Gratte une pomme entière avec une râpe (le trognon et tout) et ajoute-la au porridge en même temps que le miel et la vanille. Ajoutes-y les mûres entières ou écrasées.

Banane + pécans + cannelle

Ajoute dans chaque assiette : des morceaux de banane, des noix de pécan hachées (ou amandes, cajous, noisettes...), 1 pincée de cannelle.

Superfoods

Myrtilles fraîches + baies de goji + graines de chanvre + pépites de cacao + graines de chia.

CHEESECAKE D'AMOUR AUX FRAMBOISES

Matériel : petit moule ou feuille à cupcake, robot de cuisine, congélateur, Vitamix, petite casserole, chinois

Trois Couches :

La croûte aux amandes

✓ 1,5 tasse d'amandes
✓ 1 tasse de dattes dénoyautées et hachées
✓ 1 pincée de sel

1. Prépare une feuille à cupcakes en silicone avec 6 moules
2. Mixe les amandes au Vitamix avec le sel jusqu'à obtenir une poudre avec juste encore quelques petits morceaux.
3. Ajoute petit-à-petit les dattes et re-mixe pour incorporer.
4. Presse ce mélange dans le fond des moules en lissant bien. Place au congélateur pendant que tu prépares la crème à la vanille.

Le coulis de framboises

✓ 1 tasse de framboises fraîches
✓ 1 c.s. de miel

1. Mixe les framboises fraîches et le miel au Vitamix
2. Filtre à l'aide d'un chinois.

La crème à la vanille

✓ 1,5 tasse de noix de cajou, trempées dans l'eau de source entre 2 et 12 heures
✓ le jus d'1 grand citron ou 2 petits
✓ ½ tasse + 2 c.s. de lait de coco
✓ ½ tasse de miel ou sirop de coco
✓ les grains d'1 gousse de vanille
✓ 10 gouttes d'extrait de vanille
✓ ½ tasse d'eau de noix de coco ou eau de source
✓ ⅓ tasse d'huile de coco liquide (la faire fondre dans une petite casserole)

1. Passe au Vitamix tous les ingrédients sauf l'huile de noix de coco, jusqu'à obtenir une consistance super lisse.
2. Verse l'huile de coco par le toit du Vitamix avec le moteur en marche.
3. Sors la feuille à cupcake du congélateur et divise la crème dans les 6 moules. Place 3 heures minimum au congélateur, puis 1 heure au frigo (pour dégeler) avant de savourer.
4. Décore avec le coulis de framboise et des framboises fraîches.

CHEESECAKE D'AMOUR

AUX FRAMBOISES

Fais toi-même des glaces à l'eau et eskimos-choco, c'est tellement cool !

SUPER ROCKETS AUX SUPERFOODS

Matériel : Vitamix, chinois, moule à eskimos, bâtonnets en bois

Goût mangue-coco

✓ 1 banane mûre
✓ 1 mangue
✓ 1 c.s. de miel
✓ ⅓ tasse de lait de coco

Goût framboise

✓ 2 tasses de framboises fraîches
✓ ⅓ tasse de miel cru
✓ 1 c.s. de jus de citron
✓ ⅓ tasse d'eau
(Essaie aussi avec des fraises, myrtilles, mûres, fruits de la passion, papaye...)

Eskimo tout choco

✓ ¼ tasse de poudre de cacao cru
✓ ¼ tasse de noix de cajou trempées 2 à 12 heures dans l'eau de source, puis égouttées
✓ 1 tasse de lait de coco
✓ 1 avocat bien mûr
✓ ½ tasse de dattes dénoyautées
✓ un peu d'eau de source si nécessaire pour faciliter le mixage

1. Mixe tous les ingrédients au Vitamix.
2. Filtre le mélange à l'aide d'un chinois (seulement pour les glaces aux fruits rouges).
3. Verse dans un moule à glace et ajoute un bâton en bois.
4. Place au congélateur au moins 24 heures. Quand tu veux en manger une, sors-la du congélateur, passe le moule sous l'eau chaude pendant 20 secondes pour faciliter le démoulage et ...
5. Miam !

SUPER ROCKETS GLACÉES

AUX SUPERFOODS

MINESTRONE À L'AIL DES OURS

Cuisson: 10 minutes / Matériel: 1 couteau de cuisine, 1 cuillère en bois, 1 économe et 1 casserole

- ✓ 2 c.s. d'huile d'olive
- ✓ 1 tasse d'oignon finement coupé
- ✓ 1 gousse d'ail finement coupée
- ✓ 1 c.s. de romarin frais finement coupé

- ✓ 4 tasses de mélange de légumes nettoyés, si nécessaire pelés à l'économe et coupés en tout petits cubes par PapaMaman (carottes, chou-fleur, blanc de poireau, petits pois et champignons)

- ✓ 1 litre d'eau de source

- ✓ 1 c.c. ou ½ cube de bouillon végétal
- ✓ ½ c.c. de sel marin

- ✓ ½ tasse de dés de courgettes

- ✓ 1 c.s. d'ail des ours (en pot, magasins bio)
- ✓ 8 c.s. de lentilles vertes déjà cuites par PapaMaman

1. Verse l'huile d'olive dans la casserole, jettes-y les oignons, l'ail et le romarin, tourne avec une cuillère en bois jusqu'à ce que les arômes te chatouillent les narines.
2. Laisse cuire pendant 3 minutes, ensuite rajoute les petits cubes de légumes, sauf les courgettes.
3. Retourne les légumes avec la cuillère en bois et laisse encore revenir dans l'huile pendant 3 minutes, ensuite verse l'eau de source bouillante par-dessus.
4. Rajoute le bouillon végétal, le sel marin et laisse cuire à feu doux et avec le couvercle posé sur la casserole pendant encore 4 minutes.
5. Après, tu rajoutes les cubes de courgette et tu enlèves avec PapaMaman la casserole du feu, c'est prêt. Miam! le plein de bons petits légumes,...
6. Tu verses dans des assiettes creuses et tu rajoutes comme tu veux: un tout petit peu de purée d'ail des Ours, du parmesan si tu aimes, des morceaux de poulet froid ou un peu de riz, de quinoa cuit ou de lentilles cuites. C'est alors un repas complet.

Psst: L'AIL DES OURS, Superfood! C'est une petite plante verte qui pousse au printemps et qui ressemble un peu à la tige du muguet. Elle est très très bonne pour nettoyer tes cellules de super héros. Les Ours, au printemps, quand ils sortaient de leur longue hibernation, en mangeaient tout plein, ils savaient que cela leur faisait du bien. Tu peux la cueillir dans les sous-bois mais rien qu'au mois de mars, laver les tiges, les sécher ensuite les broyer au Vitamix avec de l'huile d'olive et un peu de sel. Ou alors tu la trouves toute préparée dans les magasins bio. Que la force de l'ours soit avec toi!

MINESTRONE

À L'AIL DES OURS

Tord le cou à tous les virus, mais quel goût tout doux !

VELOUTÉ POP HEY!

Cuisson : 10 minutes / Matériel : petit couteau, planche à découpe, Vitamix, cuit-vapeurs

- ✓ 1 oignon pelé, coupé en morceaux
- ✓ 2 échalotes pelées, coupées en morceaux
- ✓ 2 gousses d'ail pelées
- ✓ 1 grosse poire (ou 2 petites) coupées en morceaux
- ✓ 2 bols d'épinards
- ✓ 4 branches de persil
- ✓ 1 c.c. de bouillon végétal
- ✓ ½ c.c. de sel de mer
- ✓ 3 c.s. d'huile d'olive

1. Cuis ensemble 8 minutes à la vapeur l'oignon, l'échalote, l'ail et la poire.
2. Ajoute les épinards et le persil, cuis encore 2 minutes.
3. Mixe tout finement au Vitamix avec le reste des ingrédients et 2 tasses d'eau de cuisson.
4. Verse dans les bols et déguste chaud ou tiède.

Beef Jerky en anglais ou

BOEUF SÉCHÉ DES CROMAGNONS

Matériel : déshydrateur, couteau, planche à découper, grand bol

- ✓ 600 gr de filet pur de bœuf

Marinade
- ✓ 5 c.s. de tamari
- ✓ 4 c.s. de sirop d'érable
- ✓ 3 c.s. de jus de citron vert
- ✓ ½ c.c. de piment de Cayenne

1. Avec l'aide de PapaMaman, découpe le morceau de bœuf en tranches de 0,4 cm.
2. Dans le grand bol, verse tous les ingrédients de la marinade et rajoute les tranches de bœuf. Mélange bien et laisse reposer au frigo 1 heure environ.
3. Pose les tranches sur les plateaux du déshydrateur et cuis-les 6 heures à 75°C.

Tu peux les conserver dans une boîte bien fermée, pas nécessaire de les mettre au frigo. C'est tellement bon que tout sera très vite dévoré !

RISOTTO TOUT CRÉMEUX AUX PETITS POIS

Matériel : casserole, poêle, petit couteau, planche à découpe, râpe à fromage

Pour 6

- ✓ 2 c.s. d'huile d'olive
- ✓ 1 tasse d'oignon blanc en petits cubes de 1 cm

- ✓ 2 tasses de petits pois surgelés, décongelés
- ✓ 1 tasse de courgette en petits cubes de 1 cm
- ✓ 3 tasses de riz complet cuit

- ✓ ½ tasse de parmesan râpé ou de gruyère râpé
- ✓ 1 c.s. de beurre au lait cru
- ✓ 1 tasse de jeunes épinards hachés ou 1 tasse de chou-fleur en tout petits bouquets cuits à la vapeur 4 minutes
- ✓ 1 c.c. de sel marin
- ✓ poivre selon goût
- ✓ ¼ tasse de crème fraîche de soja

Au choix

Une tasse de légumes de saison en petits cubes : asperges vertes ou blanches, champignons bruns, poireaux, oignons de printemps, carottes, brocolis, choux de Bruxelles ou restes de légumes déjà cuits...

1. Dans une grande poêle, fais chauffer sur feu moyen 2 cuillères à soupe d'huile d'olive. Ajoute les oignons et mélange, puis baisse le feu sur feu doux et laisse cuire tout doucement pendant 10 minutes en mélangeant de temps en temps.
2. Ajoute les petits pois, les dés de courgette et le riz cuit. Mélange bien, laisse cuire 2 minutes. Ajoute le fromage râpé et le beurre, mélange encore, ajoute les épinards et deux bonnes pincées de sel et poivre.
3. Ajoute la crème fraîche de soja, mélange. A l'aide d'une grande cuillère, dépose le risotto dans des bols ou assiettes creuses. Ajoute encore un peu de parmesan râpé et... à table !

Psssst : Fais attention à saler le moins possible, même avec un sel 100 % nature comme le sel de Guérande ou le sel de l'Himalaya. Le sel n'est bon ni pour ton cœur ni pour tes artères. Les Super Héros du Paléolithique n'en mangeaient jamais ! A toi de donner le bon exemple à PapaMaman :-)

PAIN DE GRAINES

Cuisson : 60 minutes / Matériel : moule à pain en silicone, saladier, fouet, cuillère

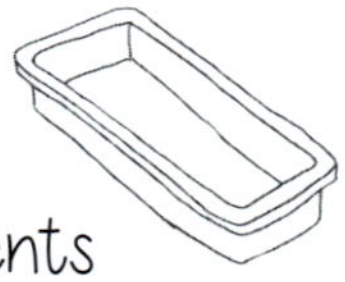

- ✓ 1 tasse de graines de tournesol
- ✓ ½ tasse de graines de lin
- ✓ ½ tasse de noisettes ou d'amandes
- ✓ 1,5 tasse de flocons d'avoine ou d'épeautre
- ✓ 2 c.s. de graines de chia
- ✓ 4 c.s. de psyllium
- ✓ 1 c.c. de sel rose de l'Himalaya ou de Guérande

- ✓ 1 c.s. de sirop d'érable
- ✓ 2 c.s. d'huile de coco (fondue 2 minutes au bain-marie)
- ✓ 1 tasse + 1/2 tasse d'eau de source

1. Prends un moule à pain en silicone. Mélanges-y tous les ingrédients à partir des graines de tournesol, jusqu'au sel.
2. Dans un petit saladier, mélange au fouet le sirop d'érable, l'huile de coco et l'eau. Puis verse ce mélange dans le moule en mélangeant bien avec une cuillère. Lisse la surface du dessus pour qu'elle soit bien plate.
3. Laisse reposer le pain toute la nuit sur le comptoir de la cuisine.
4. Le matin, préchauffe le four sur 175°C. Place le pain, posé sur une taque, au milieu du four et laisse cuire 20 minutes.
5. Sors le pain du four et retourne-le sur la grille en le démoulant. Remets-le au four sans le moule pour 35 minutes. Sors le du four et laisse-le refroidir totalement avant de le découper en tranches.

Pssst : Tu peux congeler les tranches et en sortir une quand tu veux pour la mettre au toaster ! (Conserve les tranches jusqu'à 2 mois au congélateur)

Garnis tes toasts : avocat, fromage de chèvre, beurre au lait cru + miel, œuf à la coque, jambon cuit, Pralinella, tahini + miel, purée d'amandes complètes + banane...

GUACAMOLE

- ✓ 2 avocats mûrs
- ✓ le jus d'½ citron ou citron vert
- ✓ ½ c.c. de sel

1. Coupe les avocats en deux dans la longueur. Enlève le noyau, puis prélève la chair avec une cuillère et place-la sur une assiette.
2. Prends une fourchette et écrase la chair d'avocat pour former une purée. Arrose de jus de citron et tartine ton toast. Saupoudre avec une pincée de sel et c'est prêt !

PAIN DE GRAINES ET GUACAMOLE

CROQUETTES AUX PATATES DOUCES

Cuisson : 20 minutes / Matériel : casserole, chinois, four, saladier, presse-ail

Pour 20 pièces

- ✓ 2 tasses de quinoa rouge blanc ou noir, cuit
- ✓ 1 tasse de petits cubes de patate douce ou de pomme de terre (+/- 1 cm) passés à la vapeur 8 minutes
- ✓ 1 c.c. de sel
- ✓ 1 bonne pincée de poivre
- ✓ 2 gousses d'ail écrasées
- ✓ 1 c.s. de thym frais
- ✓ 2 c.s. d'huile de coco ou d'huile d'olive

1. Préchauffe le four à 170°C; Place tous les ingrédients dans un grand saladier. Malaxe avec les mains propres pour former une purée. Il faut écraser les morceaux de patate douce dans le quinoa, pour que la pâte colle un petit peu.
2. Mets un peu d'huile d'olive sur tes mains et forme de petites boules avec la préparation : pense à la taille d'une balle magique !
3. Place les croquettes au fur et à mesure sur une grille allant au four. Brosse-les avec un peu d'huile d'olive ou de coco et fais-les cuire 20 minutes. Déguste-les avec une mayo au tofu, une sauce cocktail, une sauce mangue ou une sauce cheddar.

Pour des super pitas. Grille un pain pita sans gluten au toaster, puis coupe le bout pour pouvoir l'ouvrir. Ajoute un peu de sauce à la mangue (voir p. 87) ou de sauce cheddar (voir p. 86), des croquettes, des rondelles de concombre et des carottes râpées.

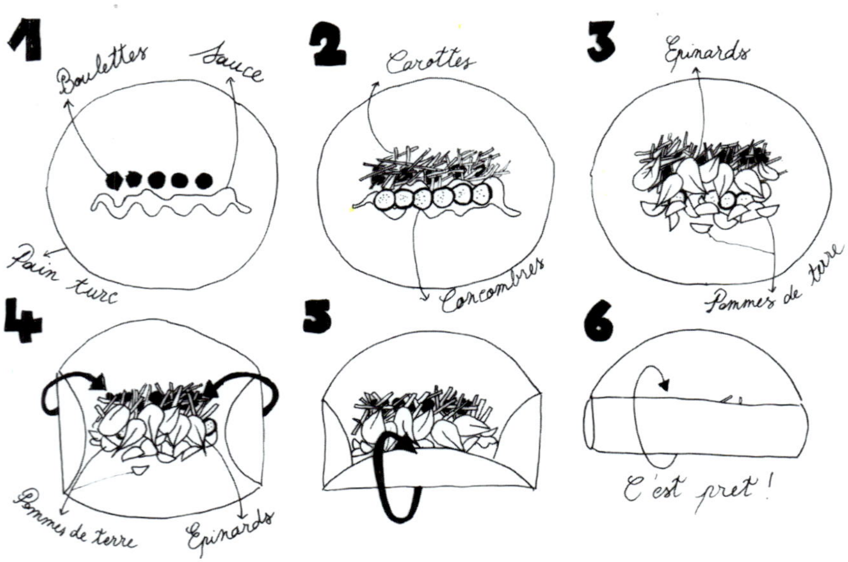

Pour un dürüm mega cool

Place les croquettes ou boulettes au centre d'un pain turc (tortilla) avec sauce, carottes râpées et concombre en rondelles. Ajoute de jeunes pousses d'épinards et des petits morceaux de pomme de terre cuite. Rabats d'abord les deux côtés, puis la base et termine en roulant toute la crêpe.

CROQUETTES DES CHAMPIONS

AUX PATATES DOUCES

MAYO AU TOFU

Matériel : Vitamix, petite casserole

- ✓ 1 tasse de tofu soyeux
- ✓ 2 c.s. d'huile d'olive
- ✓ 2 c.s. d'huile de coco
- ✓ 1 c.s. de jus de citron
- ✓ 1 c.c. de miel
- ✓ ½ c.c. de sel

1. Mixe tous les ingrédients au Vitamix.
2. Verse dans un bocal en verre et conserve au frigo.

Psst : Prépare ta sauce cocktail ! Ajoute 3 c.s. de ketchup maison à ta mayo tofu pour en faire une délicieuse sauce cocktail.

KETCHUP SUPERFOOD DE LA MORT QUI TUE !

Matériel : Vitamix, petite casserole

- ✓ ½ tasse de dattes dénoyautées, hachées
- ✓ ¾ de tasse de concentré de tomates (bocal en verre)
- ✓ 400 ml de tomates pelées en cubes (bocal en verre)
- ✓ 2 c.s. de vinaigre de cidre
- ✓ 1 c.c. d'ail en poudre
- ✓ 1 c.c. d'oignon en poudre
- ✓ 1 c.c. de sel marin

1. Verse tous les ingrédients dans une petite casserole, fais cuire 20 minutes sur feu moyen doux.

2. Passe au Vitamix, ensuite recuis encore en casserole pendant 10 minutes.
3. Verse dans un bocal en verre.

Se conserve 3 semaines au frigo.

À TOI DE JOUER ! Sauras-tu retrouver les Superfoods contenus dans ce ketchup ?

Solution : vinaigre de cidre, ail, oignon, dattes mais aussi et surtout… les tomates. Incroyable mais vrai, les tomates en concentré et conservées en bocaux regorgent de bienfaits. Pourquoi ? D'abord parce qu'elles sont cueillies en pleine saison, mais aussi parce que, grâce à une cuisson douce et lente dans de l'huile d'olive, elles vont pouvoir dégager une fomidable molécule magique, le **lycopène**, c'est tout bon pour toi.

LE ROI DES GRATINS

Cuisson : 35 minutes / Matériel : petit couteau, planche à découpe, four, plat à gratin, Vitamix, cuit-vapeurs

Pour 6

✓ 1 petit chou-fleur
✓ 4 pommes de terre, pelées et coupées en petits cubes
✓ 2 carottes ou 1 patate douce, pelées et hachées en petits cubes
✓ 2 tasses de petits pois surgelés, décongelés
✓ ½ tasse de chapelure sans gluten ou de pain aux graines toasté et mixé au Vitamix

1. Détaille le chou-fleur en petits bouquets. Cuis-les à la vapeur 5 minutes. Préchauffe le four à 180°C
2. Place les cubes de pomme de terre et de carottes, les petits bouquets de chou-fleur et les petit pois dans un plat à gratin.
3. Arrose le tout avec la béchamel (voir recette ci-dessous), parsème avec la chapelure, puis place le plat au four et laisse cuire 30 minutes.

BECHAMEL ETERNELLE

Matériel : Vitamix

✓ 1 tasse de noix de cajou trempées dans l'eau de source entre 2h à 12h
✓ 1 tasse de chou-fleur précuit 5 minutes à la vapeur
✓ 1 tasse d'eau de source
✓ ½ c.c. de sel naturel
✓ 2 c.s. de levure noble ou maltée
✓ ½ c.c. de noix de muscade
✓ 2 grains de poivre noir

1. Mixe tous les ingrédients au Vitamix. Verse la sauce dans un bol.

Psst : Superfood. LEVURE NOBLE ou MALTÉE. De petites levures désactivées pleines de qualités et qui donnent à ta préparation un délicieux goût de fromage ! On la trouve en magasin bio sous forme de petites paillettes.

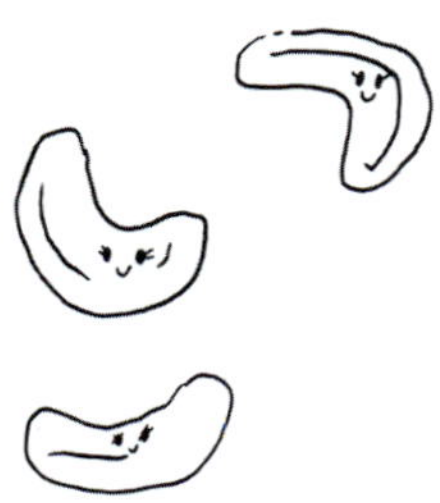

NUGGETS ET FRITES DE PATATES DOUCES 

Cuisson : 25 minutes / Matériel : robot de cuisine ou Vitamix, petit couteau, planche à découpe, 3 petits saladiers, four

- ✓ 600 gr de blancs de poulet
- ✓ 3 tasses de corn flakes bio
- ✓ 1 c.s. d'huile d'olive
- ✓ 1 c.c. de sel
- ✓ poivre selon goût
- ✓ 1 c.s. de paprika
- ✓ 2 œufs
- ✓ 1 tasse de farine de riz

- ✓ 3 petites patates douces grattées, avec la peau ou 4 grosses pommes de terre ou un mélange !

Pssst : Les nuggets pas encore cuits se conservent super bien au congélateur, c'est pratique et on peut les mettre au four encore congelés.

Psssssst : Tu peux faire des fish sticks en remplaçant le poulet par du poisson blanc comme du cabillaud.

Pour les nuggets

1. Préchauffe le four à 200°C. Demande à PapaMaman de t'aider à couper avec des ciseaux les blancs de poulet dans la longueur, en faisant des bandes de +/- deux doigts d'épaisseur. Découpe chaque bande en 3 ou 4 petits morceaux.
2. Dans le robot ou au Vitamix, mixe les corn flakes bio sans gluten avec l'huile d'olive, le sel, le poivre et le paprika.
3. Prépare 3 petits bols. Dans le premier, place la farine de riz.
   Dans le deuxième, casse les oeufs et fouette bien à la fourchette.
   Dans le troisième, place le mélange de corn flakes mixés.
4. Trempe chaque morceau de poulet d'abord dans la farine (tapote pour en faire tomber l'excédent), ensuite dans l'oeuf battu et enfin dans le mélange de corn flakes. Il faut que chaque morceau soit bien recouvert !
5. Place les morceaux au fur et à mesure sur une plaque du four.

Pour les frites de patates douces

1. Découpe chaque patate en deux dans le sens de la longueur, puis encore en deux, et encore en deux, pour obtenir la forme d'une grosse frite.
2. Place-les sur une plaque du four et arrose de 2 c.s. d'huile d'olive et de deux bonnes pincées de sel, poivre et paprika.

Pour la cuisson

Place les deux plaques au four pour une cuisson de 20 minutes pour les nuggets et 25 minutes pour les patates douces à 200°C. C'est prêt ! Trempe-les dans la sauce ketchup maison (ou une autre si tu préfères) et miam ! Interdiction de ne pas manger avec les doigts !

NUGGETS GRRRRRRRRRRR

FRITES DE PATATES DOUCES

MINI-BURGERS SAUCE CHEDDAR

Matériel : toaster, poêle ou grill, planche à découpe, petit couteau, bâtonnets en bois, Vitamix, presse-agrume

- ✓ 4 tranches de pain d'épeautre au levain
- ✓ 400 g de haché de bœuf
- ✓ 4 c.s. d'huile de coco
- ✓ ketchup maison
- ✓ 8 rondelles de concombre ou de cornichon aigre-doux
- ✓ 4 feuilles de laitue ou romaine
- ✓ 1 tomate roma découpée en rondelles

1. Passe les tranches de pain au toaster. Dans chacune d'elles découpe 2 cercles de la taille d'une balle de tennis.
2. Prépare de petites boulettes de viande de la taille d'une balle de golf. Aplatis-les avec ta main sur la planche.
3. Verse 1 c.c. d'huile de coco dans une poêle anti-adhésive et mets-la sur feu moyen. Déposes-y les burgers. Cuis-les 2 minutes d'un côté, puis retourne-les, et encore 2 minutes de l'autre côté. Place les burgers sur une assiette.

Sauce cheddar

- ✓ 1 tasse de noix de cajou trempées dans l'eau de source entre 2h et 12h
- ✓ ½ poivron rouge, épépiné et haché
- ✓ 1 c.s. de jus de citron
- ✓ 1 c.s. de levure noble ou maltée
- ✓ ½ c.c. de sel de mer
- ✓ ½ tasse d'eau de source

Pour la sauce cheddar : mixe tous les ingrédients au Vitamix.

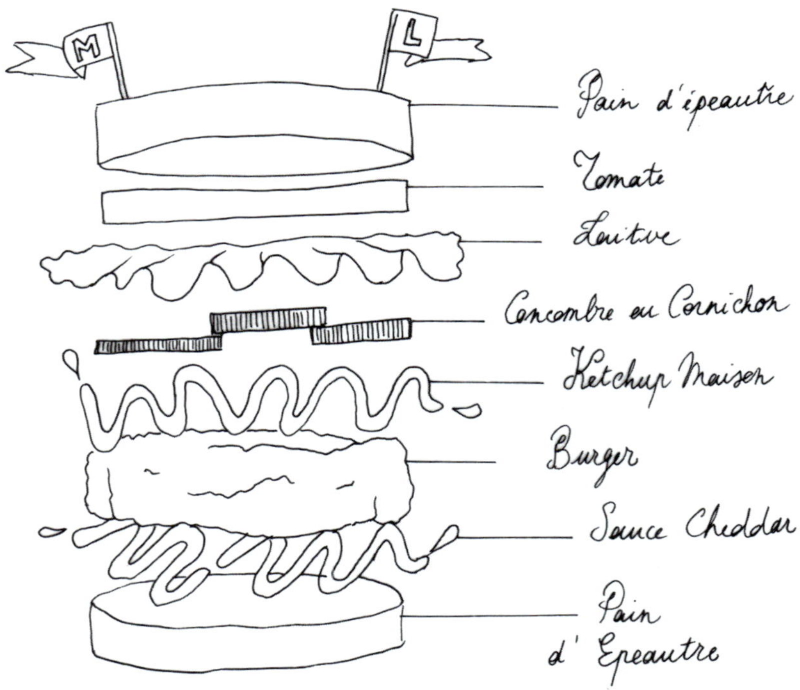

Pour faire ton mini-burger : Il te faut 2 cercles de pain. Sur le premier, tartine 1/2 c.c. de ketchup (voir p. 82). Déposes-y un des petits burgers. Sur celui-ci, tartine 1 c.c. de sauce cheddar. Ajoute une rondelle de concombre ou de cornichon, une feuille de salade et une rondelle de tomate. Pour finir, dépose le deuxième cercle de pain. Pssst : Pique un bâtonnet en bois dans ton burger pour le faire tenir pendant que tu prépares les autres !

BROCHETTE DE POULET SAUCE SATÉ 

Matériel : bâtonnets en bois, petit couteau, planche à découpe, Vitamix, presse-ail, presse-agrume, poêle anti-adhésive ou grill, petite casserole

✓ 500 g de blancs de poulets, découpés en lamelles
✓ 2 c.s. d'huile d'olive
✓ 1 c.c de sel
✓ ½ c.c. de curry ou de curry de Martine

Sauce saté
✓ 3 c.s. de purée d'amandes complètes
✓ 1 tasse de lait de coco
✓ 1 c.s. de tamari
✓ 1 c.s. de miel cru
✓ 1 c.c. de curry ou de curry de Martine
✓ le jus d'un citron vert
✓ 1 gousse d'ail écrasée

1. Commence par les brochettes ! Fais mariner 15 minutes minimum les lamelles de poulet dans le mélange sel + huile d'olive + curry. Ensuite, enfile-les sur de petites piques de bois en faisant un serpentin et dépose-les dans un petit plat.
2. Place un grill ou une poêle sur feu moyen et cuis-y les brochettes 3 minutes, puis retourne-les et compte à nouveau 3 minutes. Sors-les de la poêle et place-les sur une assiette.
3. Pendant que les brochettes cuisent, passe les ingrédients de la sauce au Vitamix et ensuite fais chauffer celle-ci dans une casserole sur feu doux pendant 3 minutes en mélangeant bien, puis verse-la dans un bol.
4. C'est prêt ! Déguste tout seul ou avec du riz et des rondelles de concombres, c'est trop bon !

Pssst : Trempe les bâtonnets en bois dans l'eau avant d'enfiler le poulet dessus, ça leur permettra de ne pas brûler lors de la cuisson !

SAUCE SUCRÉE SALÉE À LA MANGUE 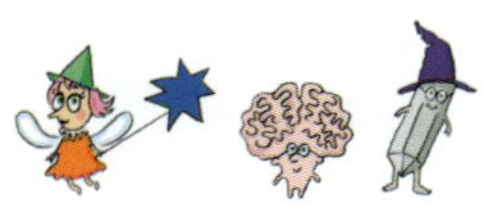

Matériel : Vitamix

✓ 1 mangue pelée, découpée en morceaux
✓ 1 c.s. de miel
✓ 3 c.s. de jus de citron vert
✓ 1 pincée de sel

1. Mixe tous les ingrédients au Vitamix.
2. Verse la sauce dans de petits ramequins et, s'il en reste, garde-la au frigo dans un petit bocal en verre.

TA BOÎTE À TARTINES DE SUPER HÉROS

La base

✓ 1 tasse de riz complet cuit (ou de coquillettes de pâtes de sarrasin ou de quinoa cuits)

A cette base, tu rajoutes 4 ou 5 des ingrédients suivants au choix (¼ de tasse chacun)

✓ champignons bruns hachés
✓ concombre cru en petits dés
✓ carottes râpées
✓ petits pois congelés juste décongelés
✓ graines de chanvre ou de sésame
✓ cubes de pomme ou de poire
✓ raisins de corinthe ou cranberries
+ sel et poivre ou curry
✓ chou-fleur en mini morceaux
✓ lentilles cuites
✓ tomates cerises ou confites coupées en 4
✓ dés de parmesan, mozzarella buffala, poulet ou jambon
✓ grains de tournesol ou pignons ou pistaches
✓ croquant de cajou ou noix
✓ jeunes pousses d'épinards ou kale haché

La petite vinaigrette, pour 6

✓ ⅓ tasse d'huile d'olive
✓ 3 c.s. de sirop d'érable ou miel
✓ 1 c.s. de vinaigre de cidre ou de jus de citron vert
✓ ½ c.c. de sel marin.

1. Place tous les ingrédients dans un bocal à confiture et revisse bien le couvercle.
2. Maintenant secoue-le très fort pour mélanger la vinaigrette en comptant jusqu'à 10.
3. Conserve-la au frigo.

TES COLLATIONS POUR TON CARTABLE
OU EN CAS DE FAIM URGENTISSIME !

Collation n°1
Le méga mélange de noix et fruits secs

1. Choisis 5 au choix :

   1 tasse de noisettes
   1 tasse d'amandes
   1 tasse de noix
   1 tasse de noix de cajou
   1 tasse de noix du Brésil
   1 tasse de noix de pécan
   1 tasse de graines de courge
   1 tasse de graines de tournesol
   1 tasse de raisins sultana
   1 tasse de baies de goji
   1 tasse d'abricots secs
   1 tasse de bananes séchées

2. Mélange tout dans un grand bocal en verre.
3. Prélève une tasse du mélange et emporte-le dans un petit bocal comme collation et pioche en cas de petit creux.

Collation n°2 :
Banane en morceaux + beurre d'amandes complètes

Collation n°3 :
Tomates cerises + concombre en bâtons
+ chou-fleur en petits bouquets
+ quelques tranches de beef jerky

Collation n°4 :
Fruits rouges

Collation n°5 :
Morceau de chocolat noir
+ berlingot de lait végétal

Collation n°6 :
1 avocat coupé en 2 + jus de citron + sel
(à manger à la cuillère)

TON MATOS POUR TA CUISINE DE SUPER HÉROS

UN BLENDER
Le meilleur c'est le Vitamix. A l'achat, il est plus cher que les autres mais tu le garderas pendant 100 ans au moins, vise l'économie !

UN ROBOT
Pour tes glaces à la banane.

UN CUIT-VAPEUR
Mon préféré, c'est le Dejelin. Sinon, pour commencer.

UNE MARGUERITE en inox que tu places dans une casserole avec 1 cm d'eau dans le fond.

UN DÉSHYDRATEUR
Pour ton granola, tes bonbons et ton beef jerky. Sur internet, tu en trouves déjà à moins de 100€. Mon préféré à moi c'est le modèle Excalibur, super pro !

UN EXTRACTEUR À TARTRIÈRE
Pour les jus du matin (à ne pas confondre avec une centrifugeuse). Celui que je préfère : l'Omega 707. Hé, tu n'en n'as pas besoin pour les recettes du livre, juste pour te faire de bons jus plein de Super Alliés.

UN KIT MESURES TASSES
(1 tasse, 1/2, 1/3 et 1/4).

UN KIT MESURES CUILLÈRES
(c.s., 1/2 c.s., c.c., 1/2 c.c.).
Tu les trouveras dans les magasins articles de cuisine.

UN BON COUTEAU (Aïe ouille, ne pas utiliser sans PapaMaman près de toi).

UN FOUET

DES MOULES pour tes cheesecake et ton pain aux graines.

UN TISSU ÉTAMINE
Pour filtrer tes laits végétaux.

UN CHINOIS
Passoire en forme de chapeau pointu.

DES BOLS à mélanger.

DES BOCAUX EN VERRE
Pour garder tes produits secs comme tes cookies et tes bonbons de fruits ou encore tes mayos dans le frigo.

CONTENANT INOX QUALITÉ 18-10
CONTENANT EN VERRE ET COUVERCLE EN PLASTIQUE
GOURDE D'EAU EN VERRE
Pour ta lunch box école

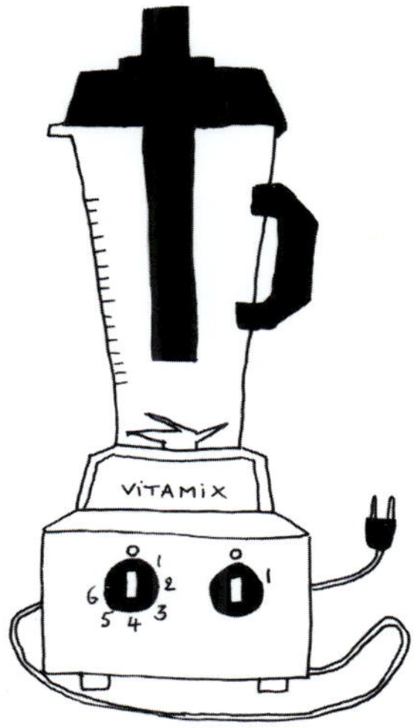

Le Blender

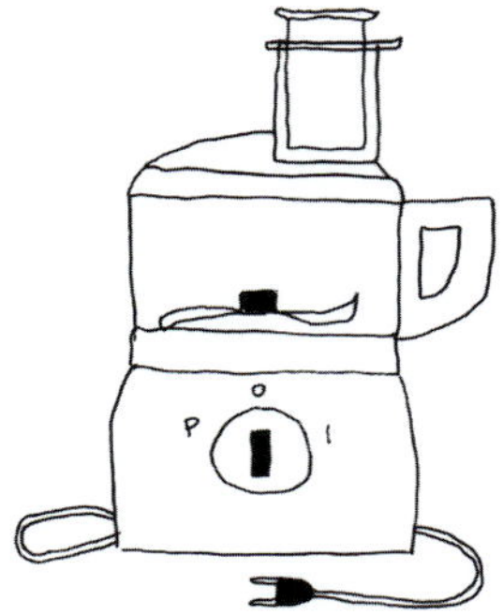

Le Robot

Le Cuit-vapeurs

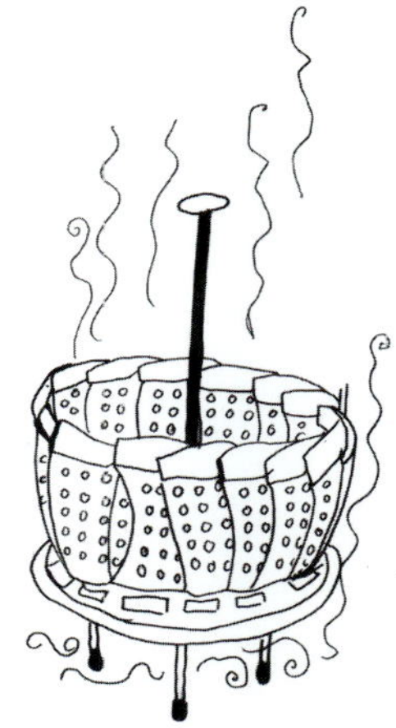

La Marguerite

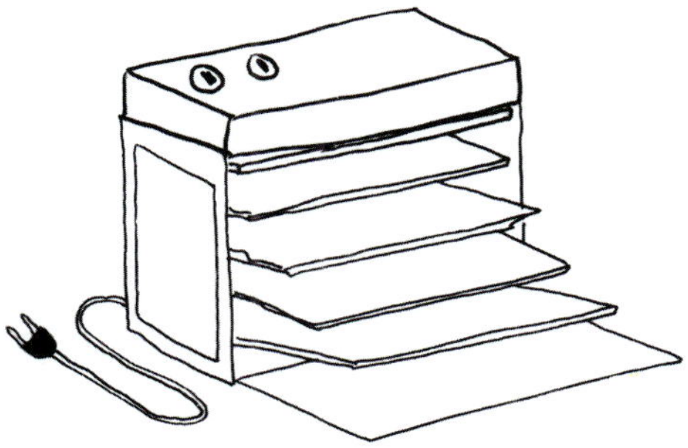

Le Déshydrateur

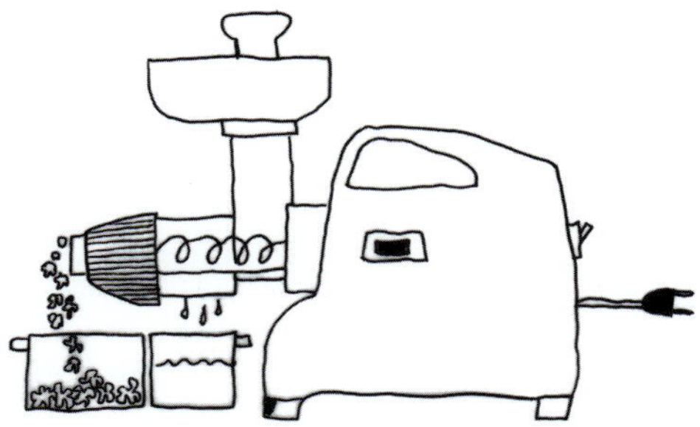

L' Extracteur

Les tasses à mesure

Le Fouet

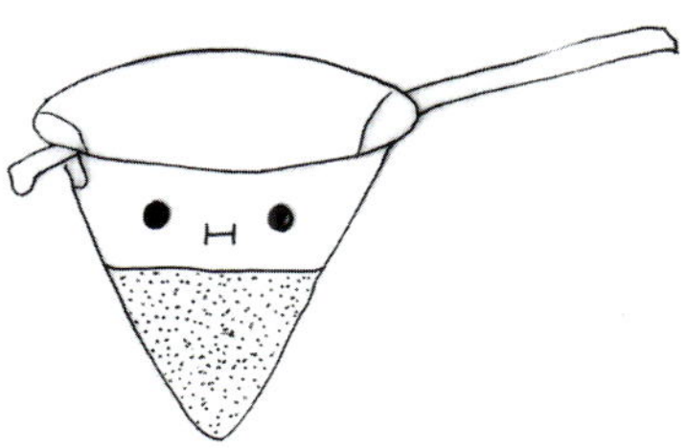

Le Chinois

Les bocaux en verre

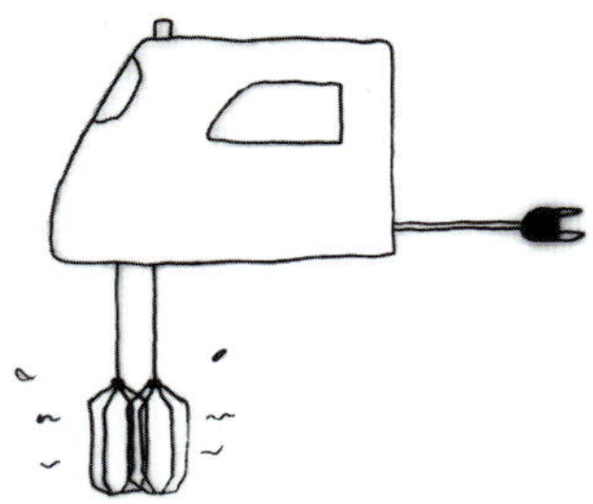

Le fouet électrique

LES AUTRES LIVRES DE MARTINE

Les super héros adoreront aussi dans les autres livres de Martine :

MA CUISINE ENERGIE

Martine Fallon Editions, 19,95€

Crêpes si légères au petit épeautre de Provence
Mousse de pomme et de papaye à la vanille
Smoothie mangue-avocat
Smoothie aux fruits de la passion
Chaud et froid d'ananas aux épices douces
Crème de carotte à l'orange
Crème de chou-fleur au curry de Martine
Coulis aux tomates
Coulis à la betterave
Coulis au sésame et aux pignons
Fromage de cajou au citron vert
Quenelles de brocoli aux pignons
Houmous de pois chiche aux pignons
Risotto de quinoa aux betteraves rouges
Galettes de polenta aux tomates confites
Pizzas comme en Sicile
Filet de bœuf mariné au romarin
Le poulet du dimanche sauce douce à la cannelle
Cabillaud en hypocuisson
Cookies aux pommes et amandes
Chips de bœuf

BOMBE ENERGETIQUE

Martine Fallon Editions, 21,95€

Jus pomme-carotte-gingembre
Jus pomme-orange-betterave
Jus pomme-raisin rouge-cassis
Jus pomme-fenouil-persil
Salade de fruits aux parfums de passion,
coulis aux amandes
Crème du matin tout à fait intelligente
Blanc-manger aux amandes et à la vanille,
coulis aux fruits rouges
Smoothie banane
Smoothie aux dattes
Penne aux tomates fraîches
Risotto minute aux tomates et épices douces
Purée de bintjes à l'huile d'olive et au basilic
Purée de patates douces avec ou sans piment
Charlottes soufflées au four
Crème de topinambours au basilic
Crème de butternut et châtaigne
Velouté chlorophylle au persil
Mignonette de porc en hypocuisson, sauce crème
à la moutarde
Mayonnaise à l'avocat et au pamplemousse
Béchamel au curry doux

SAUCES ET COULIS

Martine Fallon Editions, 21,95€

Tartinade de légumes
Vinaigrette aux 4 huiles et au sésame noir
Vinaigrette à la pistache
Vinaigrette sucrée salée au tahin et au miso jaune
Vinaigrette aux figues
Sauce César raw vegan
Coulis carotte-orange-miso jaune
Sauce Alfredo
Sauce au potiron et au safran
Sauce crémeuse aux champignons
Coulis aux rutabagas et racines de persil
Coulis betteraves-myrtilles
Sauce à l'orange
Crème de butternut au curry et lait de coco
Sauce aigre douce à l'amande façon saté
Sauce comme une béarnaise
Coulis à l'ananas
Sauce à la pistache
Sauce cocktail sans œuf et sans whisky
Sauce béchamel au panais
Sauce douce au tahin
Sauce presque comme en Hollande
Graines de courge à parsemer
Gremolata aux noisettes
Sauce au caramel
Sauce chocolat
Crème anglaise raw vegan
Coulis aux cajous, lait de coco et vanille
Coulis aux abricots secs
Coulis aux fruits rouges et aux baies de Goji
Coulis aux fruits de la passion

Après, leurs goûts seront suffisamment affûtés pour savourer toutes les autres recettes de La Cuisine de l'Energie et tomber totalement accros! Vive les addictions heureuses :)

Tous les renseignements sur :
www.martinefallon.com

ALLO DOCTEUR ?

Nous sommes ce que nous mangeons, ou plutôt ce que nous avons mangé. Hippocrate, le père spirituel de la médecine moderne, le disait il y a plus de 2000 ans : « Que ton aliment soit ton premier médicament ».

Aujourd'hui, des désordres métaboliques tels que intolérances alimentaires, troubles de l'attention ou du sommeil, hyperactivité, dépression, schizophrénie, fatigue chronique, obésité, problèmes de peau, dérèglements hormonaux ou intestinaux, fragilité osseuse et dentaire..., explosent de manière exponentielle chez les enfants et les adolescents. La médecine occidentale découvre enfin le lien étroit existant entre ces pathologies et les habitudes alimentaires.

L'alimentation industrielle moderne est totalement dénuée des éléments nutritionnels nécessaires au développement et au maintien en bonne santé de nos enfants. Pire, on recourt de plus en plus systématiquement, et même dans le cas de produits prenant les enfants pour cible marketing, à des substances chimiques telles que des additifs, des pesticides, des graisses hydrogénées et dangereuses, des sucres raffinés agissant comme de véritables drogues, qui encrassent l'organisme et l'affaiblissent. Ce qui vaut pour les enfants et les adolescents vaut bien évidemment aussi pour leurs parents et pour les adultes qu'ils deviendront un jour. Il est temps de tirer la sonnette d'alarme, de réagir et de prendre conscience ensemble, dans le cocon privilégié de la famille, des enjeux liés à l'alimentation. D'apprendre ou de réapprendre aussi, dans le bonheur partagé, l'art de cuisiner.

C'est l'intention du dernier livre de Martine. A la fois simple, drôle et tellement juste, il se dévore comme une BD. Petits et grands y trouveront de précieux éclaircissements tant théoriques que pratiques sur l'alimentation saine, celle qui nous construit dans un projet de santé. Puissent les informations qu'il contient et leur mise en pratique au quotidien vous autoriser à vivre dans la joie et dans l'énergie toute votre longue vie durant.

J'encourage vivement les enfants, les parents, les enseignants, les médecins, les responsables de collectivités et même les ministres à en diffuser le contenu, au nom de notre santé, si précieuse, au nom aussi de notre merveilleuse planète.

Docteur Benoît Everard, médecin généraliste, phytothérapeute et nutritionniste, expert en médecine préventive et anti-âge.
Bruxelles, novembre 2016.

INDEX DES RECETTES

LES BOISSONS

Iced tea qui donne la pêche 50
Orangeade Super Allié vitamine C 50
Smoothie Hulkyhulk 52
Smoothie Tagadoudou 52
Lait d'amande pas à la noix 53
Lait choco pour les costauds 53

LES PETIT DEJS, DESSERTS ET GOÛTERS

Granola aux pépites d'amandes 54
Pâte à tartiner pralinella 56
Pudding aux graines magiques 58
Banana banana... Banana split 58
Bananashake à la fraise 60
Crème chantilly de coco 60
Pancakes qui donnent la banane 61
Pépites de praliné croquant 61
Pudding au chocolat minute 62
Barres céréales petits creux 62
Crêpes infernales, sauce super vitamine C 64
Bonbons tutti fruti 64
Cookies crus choco-noisettes 65
Lacets de fruits 65
Cupcakes des lapinous 66
Glacage à la vanille 66
Balles magiques à la framboise 68
Almond butter cups au lucuma 68
Porridge des Vikings 69
Cheesecake d'amour aux framboises 70
Super rockets aux superfoods 72

LES REPAS CHAUDS

Minestrone à l'ail des ours 74
Velouté Pop Hey! 76
Boeuf séché des Cromagnons
ou Beef Jerky en anglais 76
Risotto tout crémeux aux petits pois 77
Pain de graines et guacamole 78
Croquettes des champions aux patates douces 80
Mayo au tofu 82
Ketchup Superfood de la mort qui tue! 82
Le roi des gratins 83
Bechamel éternelle 83
Nuggets et frites de patates douces 84
Mini-burgers sauce cheddar 86
Brochette de poulet sauce saté 87
Sauce sucrée salée à la mangue 87

LES LUNCH BOX

Ta boîte à tartines de Super Héros 88
Tes collations pour ton cartable ou
en cas de faim urgentissime! 89

Moi Super Héros
Edition 2016

Texte et Coordination éditoriale : Martine Fallon, Dilara Feray
Illustrations : Valentine De Cort
Dessins recettes : Dilara Feray
Photographies : Jasmine Van Hevel, Nora Noor (portrait couverture)
Graphisme et mise en page : Chantal Gillet
Impression : Dereume Printing Bruxelles

Tous les intervenants qui ont participé à la réalisation de cet ouvrage, illustrateur, éditeur, coordinateur, photographe, graphiste, imprimeur et attachée de presse sont tous sans exception des foodistas de La Cuisine de l'Energie. Puisse cette information donner encore plus de crédit à ce livre et aider le lecteur à plonger sans plus hésiter dans mes cuit-vapeurs et les sorcelleries gourmandes qu'il pourra y trouver.

ISBN : 978-2-9601478-9-6
Dépôt légal : D/2016/13.480/4

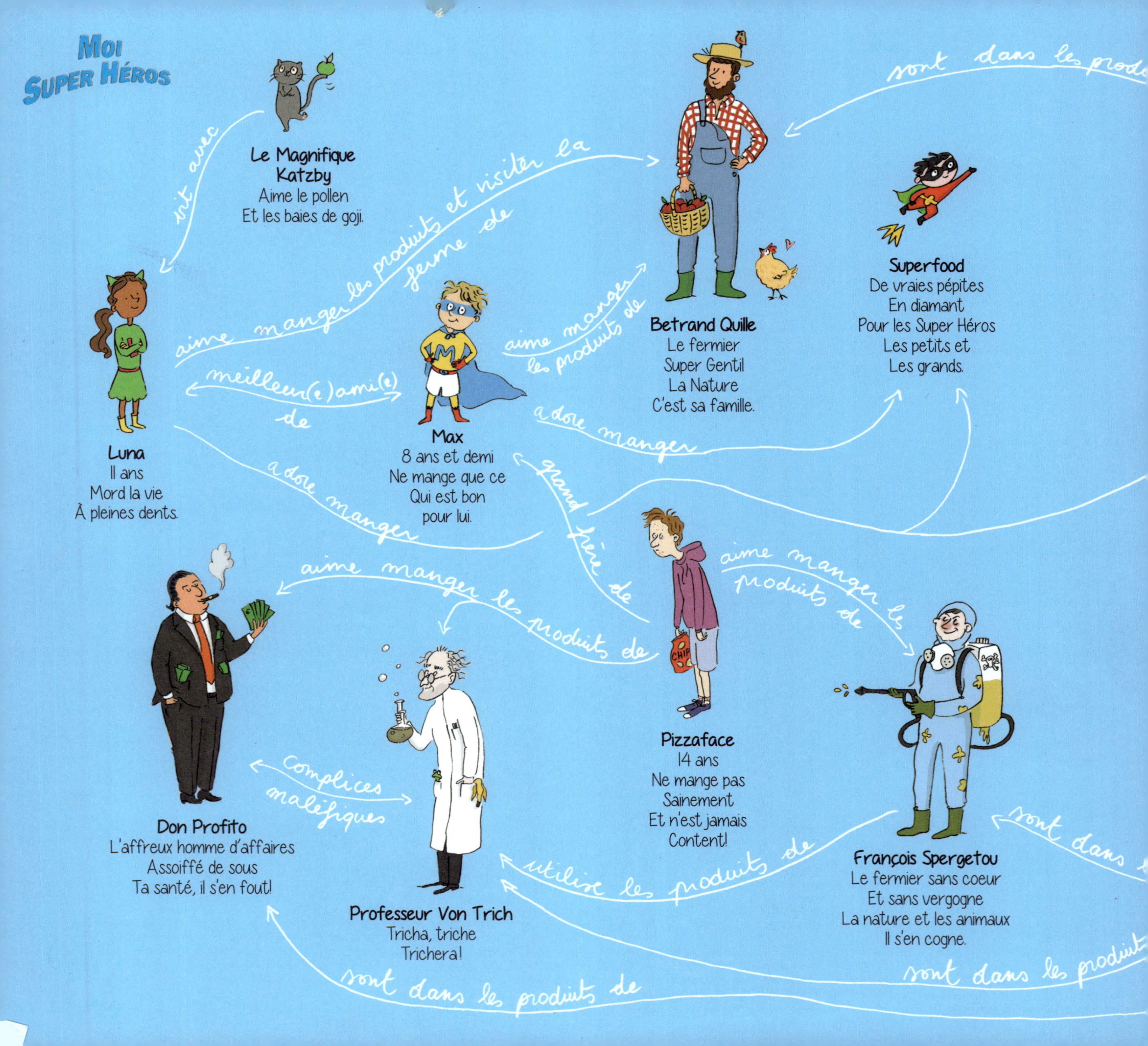

Moi Super Héros
Le Magnifique Katzby
Aime le pollen
Et les baies de goji.
vit avec
Betrand Quille
Le fermier
Super Gentil
La Nature
C'est sa famille.
Superfood
De vraies pépites
En diamant
Pour les Super Héros
Les petits et
Les grands.
sont dans les prod
aime manger les produits et visiter la ferme de
aime manger les produits de
meilleur(e) ami(e) de
Luna
11 ans
Mord la vie
À pleines dents.
Max
8 ans et demi
Ne mange que ce
Qui est bon
pour lui.
adore manger
adore manger
grand frère de
aime manger les produits de
aime manger les produits de
Pizzaface
14 ans
Ne mange pas
Sainement
Et n'est jamais
Content!
CHIPS
Don Profito
L'affreux homme d'affaires
Assoiffé de sous
Ta santé, il s'en fout!
complices maléfiques
Professeur Von Trich
Tricha, triche
Trichera!
utilise les produits de
François Spergetou
Le fermier sans coeur
Et sans vergogne
La nature et les animaux
Il s'en cogne.
sont dans
sont dans les produit
sont dans les produits de